American Staffordshire Terrier

Finn Olsson

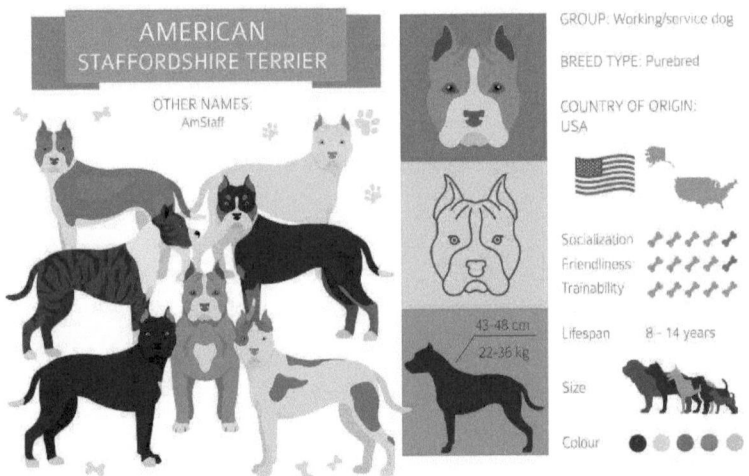

AMERICAN STAFFORDSHIRE TERRIER

OTHER NAMES:
AmStaff

GROUP: Working/service dog

BREED TYPE: Purebred

COUNTRY OF ORIGIN:
USA

Socialization
Friendliness
Trainability

Lifespan   8 - 14 years

Size

Colour

43-48 cm
22-36 kg

Innehåll

Förteckning över figurer

Ursprung, kroppsbyggnad och utseende

"Bull and Terrier" är förfader till den amerikanska Staffordshire, som tyvärr uppföddes av engelsmännen i Midlands i början av 1800-talet för att användas för hundslagsmål. Dessa förfäders hundar var tvungna att utkämpa matcher, inte bara mot andra medlemmar av deras art, utan även mot grävlingar och råttor. Dessa hundar behövde inte bara Pit Bulls styrka, utan också terrierens envishet och mod.

Hundkampen förbjöds återigen i Storbritannien mycket tidigt, 1835. Organisatörerna av sådana matcher lämnade Storbritannien och emigrerade till Amerika, där de introducerade "Bull and Terrier". Från och med 1880 var hundkamp officiellt tillåten i USA och arrangörerna kunde återuppliva den. Under årens lopp har två andra varianter av Bull Terrier utvecklats från den ursprungliga rasen. En av dem användes av de brittiska invandrarna som kamphund och den andra varianten användes av de amerikanska invånarna som vakthund. Senare blev denna linje också allt oftare en familjehund.

För att tydligt skilja sig från "kamphundsmiljön" delades den ursprungliga rasen upp i American Staffordshire Terrier och American Pit Bull Terrier. Namnet "Staffordshire" hänvisar till ursprungsplatsen i Storbritannien. 1936 erkände American Kennel Club officiellt rasstandarden för American Staffordshire Terrier. Syftet med att föda upp American Staffordshire, även känd som Amstaff, var att avskilja rasen från brutala hundslagsmål och göra den mer populär för hundutställningar. Numera är American Staffordshire Terrier mycket sällsynt i Tyskland, eftersom den har förlorat sitt rykte som "kamphund med en aggressiv natur". Under perioden 2001-2004 var avel till och med förbjuden i Tyskland och än idag är det förbjudet att importera en

Amstaff från utlandet till Tyskland.

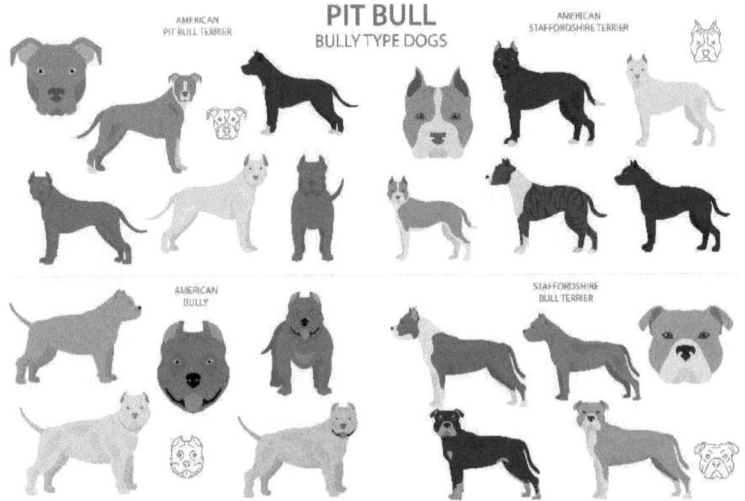

Figur 1: De olika typerna

Amerikanska Staffordshires hålls huvudsakligen som familje- och vakthundar i Tyskland idag och de är mycket uppskattade. Intressant nog används de också som terapi- och räddningshundar och kan visa sina färdigheter där. De tar sig an sina uppgifter med entusiasm och uthållighet.

Sorgligt arv från ett mörkt förflutet

Många människor reagerar med aversion eller rädsla när de möter en American Staffordshire. Detta inkluderar uttalanden som "Håll hunden!" eller "Håll dig borta från den!" och dessa är relativt ofarliga. Dessutom användes Amstaff i flera år som en statussymbol med en spikad krage.

I Amerika och Storbritannien hålls Amstaff dock som en så kallad "barnvaktshund" på grund av dess positiva karaktär. Detta visar än en gång att faran för hundar kommer från människans sida.

Den amerikanska Staffordshires sorgliga förflutna har lett till att det finns särskilda regler i Europa när det gäller att hålla eller importera denna ras. I de flesta länder är American Staffordshire en "listad hund" eller "kamphund". Hållningen är antingen förbjuden eller så måste vissa villkor uppfyllas. Amstaff får till exempel inte resa in i Frankrike och Ungern. I Nederländerna måste man visa upp sin stamtavla vid inresan och i Spanien måste man registrera sig hos den lokala kommunen. Förbud och krav i länder som Frankrike, Nederländerna och Sverige har resulterat i att mycket få American Staffordshire Terriers finns kvar där. Även i de flesta tyska delstater finns det särskilda krav som ägarna måste följa och kostnaderna för att hålla dem är högre än för andra hundar.

Figur 2: Amstaff

American Staffordshire Terriers utseende

En Amstaffhane är cirka 46-48 cm lång och en tik 43-46 cm lång. Friska och normalviktiga djur väger mellan 20 och 30 kg. Eftersom uppfödningen i allmänhet inte fokuserar så mycket på djurets utseende utan snarare på kondition och temperament har American Staffordshire Terrier en hög förväntad livslängd. Den genomsnittliga livslängden är 12 år.

Amstaffens huvud är mycket brett och utpräglat och kroppen är kompakt och muskulös. På det hela taget är American Staffordshire ett imponerande utseende. Ögonen är runda, sitter djupt i skallen och står långt ifrån varandra. Ögonfärgen varierar från mycket mörk till ljusbrun. Spetsöronen sitter högt på huvudet och är upprätta fram till halva vägen, sedan faller de något ned.

Nedhängande öron eller hängande öron är inte tillåtna. Förr i tiden var öronen och svansen avklippta, vilket ansågs vara ett skönhetsideal. Som tur är har odling varit förbjuden i Tyskland i mer än 30 år och är inte heller tillåten i de flesta europeiska länder.

Amstaffens hals är lätt välvd och tung, men smalnar av från axlarna till nacken. Han har en kort rygg som lutar lätt mot rumpan. Svansen sitter relativt lågt och är ganska kort jämfört med kroppen och smalnar av till en spets. Rasen har extremt starka axlar och frambenen är raka men står långt ifrån varandra. Bakbenen är mycket muskulösa med lågt satta hockar.

Pälsen hos American Staffordshire är kort, tät och glansig och färgerna varierar från svart, vit, brun till grå.

FCI-standard: nr 286

    Grupp 3 Terrier

    Avsnitt 3 Bullterrier

Karaktärsdrag hos American Staffordshire Terrier

Vilka egenskaper har American Staffordshire Terrier?

En American Staffordshire Terrier vilar i sig själv. De är mycket vaksamma och intelligenta djur. Amstafferna är särskilt starka och djärva och man bör inte underskatta deras stridskraft. De är mycket tillgivna, hängivna och lojala mot sina familjer och människor. Mot främlingar är han reserverad och neutral. Amstaffens irritationströskel är ganska hög, vilket har en positiv inverkan på samlivet med barn, och han undviker vanligtvis gräl eller provokationer från andra hundar. American Staffordshire kan kontrolleras väl. Tyvärr har hunden ofta utnyttjats och förökats på ett tvivelaktigt sätt, och hundarna har blivit aggressiva i sin hållning. Amstafferna förvandlades till "levande vapen". Under tiden är rasen seriöst uppfödd och lämpar sig mycket väl som familjehund.

Även om de har ett negativt förflutet finns det områden där de passar utmärkt in, till exempel som terapi- och räddningshundar. American Staffordshire bygger ett djupt band med sin familj och särskilt med barn, eftersom den verkar lugn och tyst.

Man bör bara vara försiktig när Amstaff möter andra medlemmar av samma art som utstrålar osäkerhet, för då kan det också bli bråk. Amstaffens utseende är ganska dominerande. På grund av sin historia är Amstaff mycket lojal mot sina människor, vilket också återspeglas i det faktum att en ägare kunde ta sin hund ur striden utan att bli biten av den.

American Staffordshire Terrier är extremt livliga och energiska djur som har en stor rörelsevilja. Med sin vakna och lekfulla natur gillar den att dra till sig uppmärksamhet. Till skillnad från andra hundraser skäller Amstaff väldigt lite. Betydelsefulla studier och statistik, inklusive statistik över bitande hundar, visar att Amstaff är lika lugn och lekfull som till exempel den omtyckta Golden Retriever.

Om dessa hundar har haft en bra socialiseringsfas och är vältränade är de utmärkta sällskaps- och familjehundar som söker en kontakt. Även om Amstaff är mycket omtänksam mot barn och har en hög tröskel bör barn aldrig lämnas ensamma med en så muskulös och stark hund. Detta gäller för alla hundar, oavsett hur små de är.

Om du har bestämt dig för att skaffa en American Staffordshire bör du alltid tänka på att denna ras har en enorm kampförmåga. American Staffordshire Terrier är extremt starka och modiga hundar som har en stark karaktär och är omedelbart alerta i alla tänkbara situationer. Eftersom de är extremt smidiga och har ett nästan omättligt behov av att röra sig är det viktigt att dessa hundar får tillräckligt med motion både mentalt och fysiskt. På grund av djurets temperament och styrka är det viktigt att ägaren har ett strikt men känsligt ledarskap. Det som verkligen är överraskande och också väldigt gulligt att titta på är den lekfullhet som Amstaff har och som den också lever intensivt ut. Tack vare sin höga intelligens är det lätt för American Staffordshire att snabbt lära sig nya saker och omsätta dem i praktiken. Rasen används ofta som sällskaps-, terapi- och räddningshund samt inom hundsporten.

Det är oerhört viktigt att American Staffordshire Terrier har en kompetent förare, en tidig och god socialisering samt en strikt och obeveklig träning, annars blir de alltför dominanta. Amstaff anses vara särskilt sportig och älskar hundsporter (som till exempel Malinois). För Amstaff betyder motion nästan allt och han är särskilt lämpad för snabba hundsporter som agility, lydnad och flyball. Men även sporter där han kan visa sin styrka, som t.ex. draghundssporter, är väl lämpade för honom. Det är dock bättre att avstå från all verksamhet som är avsedd för vakthundar, eftersom han kan återfalla i kamphundsbeteende på grund av genetiska anlag. Staffordshire Terrier är i princip en söt och välbalanserad hund. Det blir bara problematiskt när ett sådant djur hamnar i fel händer. Då kan den "slås på" och är farlig. Detta gäller dock även för nästan alla andra hundraser. Om en hund uppvisar ett uppseendeväckande beteende är det nästan till 100 procent människans fel. Ansvaret för utvecklingen av Amstaffens karaktär och temperament ligger hos ägaren eller, under de första veckorna, hos uppfödaren. Därför är det viktigt att vara uppmärksam på uppfödaren och aldrig köpa en American Staffordshire Terrier från Internet eller från tvivelaktiga säljare.

Om hundarna däremot hålls på ett korrekt och kärleksfullt sätt kommer Amstaffens natur också att vara lika kärleksfull och balanserad.

Vem är lämplig som innehavare? - Viktiga specialfunktioner

American Staffordshire Terrier är inte alls lämplig för hundnybörjare, eftersom han direkt utnyttjar de misstag som hundnybörjare gör. De problem som uppstår på grund av nybörjarens misstag, som oftast visar sig i hundens dominansbeteende, är svåra att åtgärda och kan eventuellt få farliga konsekvenser. Men om American Staffordshire leds konsekvent och hunden kan orientera sig väl mot sin referensperson är den en fantastisk följeslagare för livet. Amstaffhundar är aktiva hundar och deras ägare bör kunna ge dem en lämplig miljö. En Amstaff är inte lämplig för en liten stadslägenhet, eftersom han gillar att leka mycket på grund av sin styrka och sitt stora behov av motion.

Ett hus med trädgård är den perfekta miljön för honom. Här måste ägaren dock se till att fastigheten är säkert inhägnad, eftersom Amstaff är mycket nyfiken och det kan hända att han utnyttjar en liten lucka för att följa sin nyfikenhet. Staketet bör också vara minst 1,60 m högt, eftersom denna ras är mycket förtjust i att hoppa.

American Staffordshire passar bäst för människor som gillar att vara sportiga, som rör sig mycket utomhus, som går långa promenader eller cyklar.

Viktigt!

- Innan du skaffar en American Staffordshire Terrier måste du kontrollera bestämmelserna om hållande med den lokala kommunen!
- Vilka är kraven? Finns det krav på munkorg, kompetensbevis eller intyg om gott uppförande?
- Får American Staffordshire Terrier hållas överhuvudtaget?

I vissa regioner i Tyskland höjs hundskatten för så kallade listade hundar, där American Staffordshire Terrier också är listad och hålls som kamphund. Hundskatten är många gånger högre än för "vanliga" hundar och kan ibland uppgå till fyrasiffriga belopp. Detta är en av anledningarna till att Amstaffs ofta överlämnas till djurhem, eftersom ägarna inte har råd med skatten.

Överväganden före köp

Innan du skaffar en hund måste du tänka på vilka andra redskap som hör ihop med en hund. Den grundläggande utrustningen omfattar ett eller två hundkoppel, en bröstsele, en korg och filtar, mat- och vattenskålar, leksaker, borstar och, när det gäller en American Staffordshire, ett eller två munkorgar. Ekonomiskt sett måste du också tänka på kostnaderna för djurfoder, vaccinationer och regelbundna veterinärbesök. Dessutom måste du ta hänsyn till ansvarsförsäkring för hundar och hundskatt.

Figur 3: Det är mycket troligt att du kommer att behöva ett munskydd
med denna ras.

Det är också viktigt att inse att om du får en Amstaff kan det hända att du
möts av avslag i din närmaste omgivning. Å andra sidan kan det också vara
bra för dig om du får möjlighet att undanröja fördomar om dessa hundar. En
annan fråga är hur Amstaff ska tas om hand om du själv blir sjuk eller vill åka
på semester.

Även om det numera är möjligt att ta med sig en Amstaff på många hotell i
Europa kan det fortfarande leda till restriktioner, beroende på
inresebestämmelserna i respektive land. Man får inte glömma bort frågan om
allergier mot djurhår i den egna familjen. Det vore ju inte bra om du redan
har köpt valpen och det sedan visar sig att dina barn till exempel är allergiska
mot hundhår. Det är klokt att leta efter en lämplig hundskola redan innan

köpet, helst en som också erbjuder lektioner i valpspel. Detta är oerhört viktigt för socialiseringen av den unga American Staffordshire.

Tillstånd att hålla en American Staffordshire kan endast erhållas om den person som har ansökt om tillstånd hos den ansvariga kommun- eller stadsförvaltningen är myndig och kan uppvisa ett oklanderligt intyg om gott uppförande. Tillståndet måste alltid bäras på kroppen. Dessutom kontrolleras pålitlighet och ansvarskänsla. Ett intyg om att man är behörig att hålla en kamphund ska uppvisas för det ansvariga veterinärkontoret. Det finns många regler förknippade med att hålla en Amstaff, vilket ibland kan driva ägaren till sina gränser. Å andra sidan är dessa krav motiverade, eftersom allvarliga attacker och olyckor kan inträffa om djuret hanteras felaktigt.

Förutom alla formaliteter bör du naturligtvis kunna stå upp mot den starka Amstaff med din egen fysiska styrka. En liten och inte så stark person kommer att ha problem med att hålla en Amstaff i koppel. Som redan nämnts älskar Amstaff att följa med sina ägare på långa promenader, jogging- eller cykelturer. Amstaff är inte avsedd för personer som tillbringar större delen av sin tid i hemmet och bara tar korta promenader. Amerikanska Staffordshires föredrar att hållas sysselsatta permanent och på ett varierat sätt. Inte bara fysiskt utan även mentalt, och detta kan ställa ägaren inför många utmaningar. Tyvärr är han inte heller bra på att vara ensam hemma i flera timmar.

American Staffordshire Terrier är listad som en listad hund.

American Staffordshire Terrier är listade hundar i Tyskland. Detta innebär att de finns med på listan över de farligaste hundraserna. Därför är import av denna hundras till Tyskland också förbjuden enligt § **2 i HundVerbrEinfG (förbud mot import och förflyttning):**

§ 2 Förbud mot import och förflyttning (Exempel från Tyskland)

(1) Hundar av raserna Pit Bull Terrier, American Staffordshire Terrier, Staffordshire Bull Terrier, Bull Terrier och deras korsningar med varandra eller med andra hundar får inte importeras eller föras in i landet. Hundar av andra raser, liksom korsningar av dem med varandra eller med andra hundar, för vilka det enligt bestämmelserna i det land där hunden ska hållas permanent misstänks föreligga en fara, får inte importeras eller föras in i landet från utlandet.

(2) Förbundsregeringen skall genom förordning med förbundsrådets samtycke ha rätt att

1. att föreskriva,

   (a) Att vissa hundar endast får importeras till landet via vissa gränskontrollstationer som inrättats i enlighet med djurhälsobestämmelserna eller måste uppvisas vid dessa gränskontrollstationer,

   (b) Att den planerade införseln av vissa hundar ska anmälas till den behöriga gränskontrollstationen inom en period som ska fastställas.

2. bestämmelser om

   (a) Övervakning av förflyttningen eller importen,

   (b) de åtgärder som ska vidtas om hundar inte uppfyller kraven i denna lag, och

   (c) att anta förfarandet.

3. Att tillåta eller bevilja undantag från punkt 1 helt eller delvis och att reglera kraven och förfarandet.

De ganska strikta kraven varierar från federal stat till federal stat. Lagen föreskriver också att hunden måste hållas kopplad hela tiden utanför den egna fastigheten och att den måste bära munkorg under promenader om den **inte** har **klarat** temperamentstestet.

Klassificeringen av American Staffordshire Terrier som kamphund diskuteras kontroversiellt. Kritiker av dessa hundar talar om att de är farliga på grund av själva rasen och att de har ett ökat angreppsbeteende. Jämförande studier visar dock att American Staffordshire och Golden Retriever knappast skiljer sig åt i sitt aggressiva beteende. Hundens beteende är därför starkt beroende av dess uppfostran.

Innan du åker på semester med din Amstaff är det lämpligt att ta reda på exakt vilka regler som gäller i det valda landet. Det är inte alla länder, till exempel Danmark, som tillåter listade hundar att resa in i landet. Det är också högst olämpligt att bara resa in i ett sådant land, eftersom hunden annars kan beslagtas av myndigheterna.

Vad du bör tänka på när du uppfostrar en valp.

Även Amstaff är bara en söt hundvalp.

American Staffordshire Terrier måste tränas ordentligt från början. Detta är oerhört viktigt. Utan god socialisering och en strikt men känslig uppfostran kan American Staffordshire bli ett stort problem för ägaren och hans omgivning. Endast personer som redan har erfarenhet av hundar bör skaffa en American Staffordshire Terrier. Om till och med en erfaren hundälskare blir överväldigad av uppfostran eller märker att de når sina gränser, bör man definitivt rådgöra med en hundtränare.

Träningen börjar så snart valpen flyttar in. Den bör genomföras på ett konsekvent sätt.

Figur 4: Söta små Amstaffvalpar

Naturligtvis är de små Amstafferna bara nyfikna små valpar som vill upptäcka sin omgivning. När den lilla valpen flyttar in i sitt nya hem ska den redan vara förberedd för det. Förutom den vanliga utrustningen som hundkorg eller filtar, skålar, bröstsele och koppel är det inte fel att redan ha en munkorg i huset för att vänja den lilla killen vid den.

I de flesta tyska delstater måste Amstaffhundar bära munkorg från sex månaders ålder. Men om du uppmuntrar din lilla Amstaff att bära munkorg och berömmer honom om och om igen blir det inte heller ett straff för honom.

Man bör också se till att eliminera eller åtminstone minska skadekällorna om det är möjligt. Precis som för barn måste uttag stängas av, strömsladdar som ligger runt omkring måste läggas åt sidan och rengöringsmaterial måste läggas undan. Samma sak gäller för giftiga växter. Om det fortfarande finns babygrindar kan de kopplas upp vid trapporna. För att vänja den unga Amstaff-hunden vid körning bör den alltid transporteras i en hundkorg. Detta säkrar hunden i händelse av oväntad hård inbromsning eller ännu värre, en olycka. Trädgården måste också städas upp på ett valpvänligt sätt, för det första genom att den är inhägnad så att den inte kan rymma och för det andra genom att undanröja vassa trädgårdsredskap. Valparna är alltid nyfikna och gnager på allt som står i deras väg.

Den nya, klumpiga familjemedlemmen behöver sin egen plats, där korgen eller liggkudden finns. Du bör se till att den nya platsen erbjuder Amstaffvalpen tillräckligt med lugn och ro så att den kan dra sig tillbaka när det blir för mycket för den. Men du bör också se till att platsen inte ligger för långt bort, annars kommer de små Amstaffvalparna att känna att de lämnas ensamma. Du bör alltid vara medveten om att de små valparna kräver sin "bovärme" på samma sätt som små barn som fortfarande behöver sina kramar. Det hjälper de flesta valpar om du lägger ett slitet plagg, t.ex. en gammal T-shirt med människolukt, i korgen tillsammans med dem. Precis som alla valpar kan Amstaff-ungen under de första timmarna efter att ha anlänt till ett nytt hem börja yla då och då när den ligger i sin korg eller på filten. Han saknar förmodligen sin mamma och sina syskon. Det betyder dock inte att den lilla Amstaff alltid tas i hans famn eller ens i hans egen säng.

Detta är ett absolut förbud där han inte hör hemma och han ska inte lära sig att bli retad varje gång han skriker. Amerikanska Staffordshires är smarta djur som lär sig mycket snabbt och det kan bli en dålig vana. För att få valpen att vänja sig vid en fast matplats redan från början är det oftast bäst att välja köket för att placera en mat- och vattenskål. Detta är oftast det mest praktiska.

I början är det klokt att använda samma foder som valpen fick från uppfödaren. Detta ger valpen tillräckligt med tid för att vänja sig vid sin nya miljö och lära känna sina nya ägare, och den behöver inte vänja sig vid ny mat samtidigt. Om du vill kan du också vänja din unga hund vid ett annat, mer näringsrikt foder. Detta är möjligt efter en viss tid. Du bör bara se till att det nya valpmaten har ett högt näringsvärde och innehåller de viktiga näringsämnen som valparna behöver. Tålamod är mycket viktigt under de första två till tre dagarna, tills Amstaff har funnit sig till rätta och känner sig hemma. Innan valpen flyttar in i sitt nya hem bör du redan ha den grundläggande utrustningen, som omfattar följande: Halsband eller bröstsele (bättre att bära eftersom det inte klämmer och drar i nacken), två hundkoppel och lämpliga borstar för grooming.

Till grundutrustningen hör olika borstar, öron- och ögonrengöringsmedel, eventuellt hundschampo och saxar. Under acklimatiseringsfasen är det naturligtvis bättre om du har möjlighet att ta några dagar ledigt från ditt dagliga arbete så att du kan koncentrera dig helt och hållet på din lilla Amstaff. Förutom hundfilt eller hundkudde är en annan transportlåda som du kan placera i ett rum ganska bra. Det ger den unga hunden en annan plats att dra sig tillbaka till. Det är bra att ha en god grundkunskap om psykologin hos denna hundras, eftersom det kan hjälpa dig att leva i harmoni och lycka med valpen och senare med den vuxna hunden.

Du behöver inte vara expert på området, men genom att läsa facklitteratur om allmän valpträning och hållande av American Staffordshire Terrier kan du utöka dina kunskaper. Men om det kommer en tid då din egen kunskap inte längre räcker till bör du söka hjälp hos en erfaren hundtränare innan det är för sent och American Staffordshire blir alltför dominant.

Känn igen valpens kroppsspråk och lär dig av det.

I hundvärlden kommunicerar valparna med varandra redan från början genom sitt kroppsspråk. Detta inkluderar ansiktsuttryck, kroppshållning, lukten av varandras valpar och de ljud de gör. I allmänhet använder hundar munnen, ögonen, öronen och svansen för att uttrycka sina känslor. Till skillnad från vissa andra djur är de också mycket bra på att kommunicera med människor. Detta leder också till antagandet att hundar är så eftertraktade husdjur och följeslagare. Valpen kommer att uppfatta sin vårdare som en del av sin flock och lär sig därför snabbt att känna igen humör och avsikter. I gengäld är det naturligtvis också viktigt att lära sig att tolka valpens kroppsspråk korrekt.

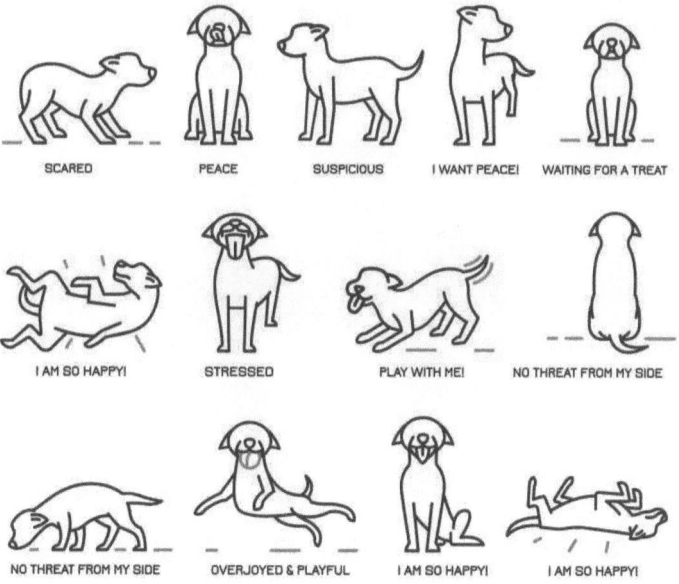

Figur 5: Att känna igen hundspråk.

Valpen bygger upp sig själv särskilt.

Om valpen känner sig särskilt modig eller visar aggressiva sidor kommer den att bygga upp och göra sig stor. Öronen och svansen kommer då att vara upprätta. Han kommer förmodligen att sträcka ut bröstet och få håren att resa sig på nacken och ryggen. Han kan också vifta försiktigt med svansen när han morrar - ett tecken på osäkerhet.

Valpen gör sig väldigt liten.

Om en hund är underdånig gör den sig så liten som möjligt för att se ut som en valp. Hans förhoppning är att hans motsvarighet ska lämna honom i fred, eftersom vuxna hundar till exempel tillrättavisar valpar men aldrig attackerar och biter dem. När valpar är underdåniga rullar de vanligtvis ihop sig i sidled på golvet, håller svansen mycket platt och viftar försiktigt med den. Ibland försöker de slicka den överordnade hunden eller vårdaren i ansiktet. I mer extrema situationer ligger de helt på rygg och blottar sin hals.

Figur 6: Valpen gör sig väldigt liten.

Att vifta med spöet

Att vifta med svansen tolkas ofta som ett tecken på vänlighet och glädje. Men överdrivet viftande har ofta observerats hos underdåniga hundar. Att vifta kan också ha flera betydelser:

- Om hunden viftar långsamt och svansen är relativt stel är hunden irriterad.
- Om svansen är intryckt mellan bakbenen är det ett tecken på rädsla.
- Rastlösa eller nervösa hundar håller ibland ner svansen och viftar den bara på ett antydningsfullt sätt.
- Hur hundar bär sin svans varierar från ras till ras. Generellt kan man säga att en svans som står i en vinkel på mer än 45 grader mot ryggen representerar vakenhet och intresse.

Valpens ansikte

En valps ansikte och ansiktsuttryck kan avslöja mycket om dess sinnestillstånd. Är valpen rädd? Är han upphetsad? Vill han spela? Dessa och andra känslor kan kännas igen och påverkas av ansiktsuttrycken. Om öronen pekar framåt betyder det att valpen är uppmärksam och lyssnar. Om öronen däremot ligger platt mot huvudet kan det uttrycka både glädje och rädsla. För att kunna "läsa" stämningen korrekt bör du uppmärksamma andra tecken och sätta dem i ett gemensamt sammanhang.

Om du ser att ögonen bara är lite slutna är det oftast ett tecken på glädje eller att du accepterar att du är "flockledare". Men om ögonen är vidöppna är valpen uppmärksam och på "alert". Naturen har ordnat det på ett sådant sätt att hundar, när de möter varandra och reglerar hierarkin sinsemellan, ser varandra i ögonen tills den svagare av dem ger upp och drar sig tillbaka. Hundens experter rekommenderar också detta beteende vid valpträning: i en orolig situation tittar du på valpen tills den bryter sig loss från blicken och drar sig undan.

I hundvärlden kommunicerar valparna med varandra redan från början genom sitt kroppsspråk. Detta inkluderar ansiktsuttryck, kroppshållning, lukten av varandras valpar och de ljud de gör. I allmänhet använder hundar munnen, ögonen, öronen och svansen för att uttrycka sina känslor.

American Staffordshire Terrier är en självständig men smidig hund och har med tiden fått rykte om sig att vara den perfekta familjehunden. Amstaffs är alltid nyfikna, mycket anpassningsbara och lekfulla. Även med stigande ålder lever de ut sin spelglädje.

Även om Amstafferna har en kärleksfull karaktär och är ivriga att lära sig, vilket bör utnyttjas i deras uppfostran, måste deras uppfostran styras av en sträng hand. Som familjehund har han inget emot att anpassa sig till de vanliga vanorna och familjelivet utan vidare. För att den unga valpen ska kunna gå lycklig genom livet behöver Amstaff inte mycket: uppmärksamhet och mycket kärlek. Även om han är välanpassad söker han alltid kontakt med sin familj och insisterar på att bli betraktad som en "familjemedlem". Särskilt som valp är Amstaff ett mycket tillgivet djur som vill vara med överallt. Han gillar inte att vara ensam hemma. För de små Amstaff-valparna är det mycket viktigt med leksessioner i hundskolan så att de socialiseras i tidig ålder och ägaren samtidigt kan delta i en grundutbildningskurs.

Vad är anskaffningskostnaden för en American Staffordshire-valp?

Anskaffningskostnaderna är, som för de flesta rashundar, mycket höga. Du bör räkna med ett inköpspris på 1 000,00 € till 1 500,00 €. Men man måste också ta hänsyn till hur mycket tid och (ekonomisk) ansträngning en uppfödare lägger ner på att uppfostra de små varelserna innan de är tillräckligt gamla för att ges bort. Då verkar inköpspriset ganska rimligt. En uppfödare som är medlem i en förening går igenom en lång process för att få uppfödningstillstånd. I vilket fall som helst bör man vara uppmärksam när Amstaffvalpar erbjuds till ett mycket lägre pris.

Första övningar - Vad man ska tänka på när man är förälder.

American Staffordshire Terrier är, som redan nämnts flera gånger, ett mycket intelligent djur som snabbt förstår och är bra på att omsätta det den lär sig i praktiken. Tack vare sin atletiska kroppsbyggnad är de perfekta arbets- och familjehundar och lämpar sig för nästan alla hundsporter. Oavsett om det är flyball, lydnad, agility eller mantrailing kommer American Staffordshire att hållas upptagen fysiskt och mentalt i dessa sporter.

På grund av sin höga stimuleringströskel är han också populär som terapihund, främst för barn och ungdomar, men även på äldreboenden. Men det är inte allt: Han kommer också att trivas som räddnings- och lavinhund, eftersom han är bra på nosarbete.

American Staffordshire Terriers är mycket tillgivna djur som knappt lämnar sin människas sida. Man bör dock se till att förhållandet mellan människa och hund är balanserat. Detta innebär att du måste vara konsekvent i viss mån och ta träningen på allvar - särskilt när det gäller unga Amstaffhundar. Det är först då som en harmonisk samexistens kan garanteras under många år framöver. Nedan följer några **tips för att** uppfostra en livlig American Staffordshire Terrier:

Utbildningsmiljön

Den allmänna regeln för valpträning är att välja en miljö där det finns så få distraktioner som möjligt för den lilla Amstaff (ett rum eller i trädgården). Detta gör att både människan och hunden kan koncentrera sig bättre och att inlärningsmålen lättare uppnås. Motivationen ökar naturligtvis också eftersom den lilla Amstaff snabbt förstår och kan omsätta det den lärt sig i praktiken. Om träningen redan går ganska bra i en miljö med få stimuli kan nästa steg vara att flytta träningen utomhus, där fler stimuli kommer in på den lilla hunden. Den unga Amstaff måste lära sig att kommandon gäller överallt och att han alltid måste vara beredd på att bli avropad, oavsett vad som händer runt omkring honom. Detta är också viktigt för hans egen säkerhet och senare för andra hundar som han kommer att träffa, eftersom Amstaff annars blir alltför dominant.

Beröm vid rätt tidpunkt

Det är också viktigt att berömma den lilla valpen exakt när den har gjort något rätt. Detta kan göras med ett enkelt ord som "bra" eller "bra" eller med en liten lek, vilket också innebär beröm för honom. Detsamma gäller naturligtvis om han har gjort något som inte var okej för hans ägare. Här måste valpen tillrättavisas omedelbart i situationen, annars förstår den inte vad den har gjort fel.

Ha tålamod

Trots American Staffordshires intelligens kommer du att upptäcka att allt inte alltid går enligt planerna under övningarna och du måste upprepa vissa kommandon om och om igen. Men med mycket tålamod och konsekvens, som du måste ha med i träningen, kommer den lilla Amstaff att förstå vad du vill att han ska göra. Det är också viktigt att det råder lugn och en avslappnad atmosfär under ett träningspass. Hundar registrerar mycket snabbt när deras vårdare är stressad, otålig eller till och med arg. Då är det bättre att fortsätta vid en annan tidpunkt. En övning ska alltid sluta med en liten framgång för Amstaff.

Nej betyder nej! Särskilt när det gäller American Staffordshire är det mycket viktigt att upprätthålla detta! Det är bra att tänka på vad den lilla hunden kan och inte kan göra i framtiden innan den flyttar in. Du kan fundera på vad som är vettigt i familjen och sedan fastställa fasta regler som alla måste följa. Ni kan till exempel komma överens om att ingen i familjen ska ge hunden något från bordet.

Om Amstaff inte får sova i sängen, vilket i allmänhet ingen hund får göra, får den inte heller sova i barnens rum. Det är inte lämpligt att förvandla ett "nej" till ett "ja" då och då. Detta gör bara Amstaff förvirrad och han vet inte hur han ska bete sig på rätt sätt, vilket kan leda till beteendeproblem senare. Eftersom American Staffordshire är smart kommer han alltid att försöka hävda sin nya rättighet och ständigt kräva den.

Att få valpen att sluta nafsa och tassa.

Om valpen biter eller nyper för hårt när den leker ska du skrika högt en gång och omedelbart sluta leka. Detta är precis vad som händer när valpen har blivit klämd av en annan valp eller hund under leken. Om du i stället drar bort din hand i förskräckelse kommer den lilla valpen att vara glad att knäppa den igen. Det bästa är då att ignorera hunden för tillfället och leka med den igen först efter en viss tid.

Träna valpen att inte hoppa på dig

Vissa valpar har för vana att hoppa upp på dig för att komma åt ditt ansikte. De försöker sedan slicka på munnen, som de skulle göra med andra hundar till exempel. Det är så de visar sitt ödmjuka beteende. Men ju mer du skäller ut den, desto oftare kommer den att försöka hoppa upp på dig för att visa sin underdånighet för dig.

För att undvika detta är det bäst att stå mycket stilla, inte ha ögonkontakt med valpen och inte tala med den. Så snart han sätter sig ner berömmer du honom och han kommer att märka att han har gjort något rätt - nämligen att han inte hoppar upp igen.

Positivt stöd

Små belöningar mellan träningspassen fungerar som positivt stöd. Men godis behöver inte ges varje gång. För vissa hundar fungerar det till och med bättre om de får sin favoritleksak som beröm eller en klapp. Ägaren måste själv ta reda på vad hans Amstaff reagerar bäst på. Du bör dock **aldrig** slå din Amstaff eller straffa honom på något annat sätt om något inte fungerar som du vill eller om han gör bort sig. Detta är handlingar som leder till att Amstaff reagerar aggressivt och det är precis vad du vill förhindra! Det är bättre att lära honom kommandona "av" eller "nej" och att arbeta därefter med röst och kroppsspråk för att visa honom att han har gjort fel.

Tolka hundens språk korrekt

Att tolka hundens hund- och kroppsspråk kan ibland vara mycket spännande och intressant. Detta ger dig möjlighet att bedöma din Amstaff väl i olika situationer och att agera därefter med förutseende, vilket kan vara till stor hjälp i vissa situationer med American Staffordshire Terrier. I facklitteraturen finns tillräckligt med material om ämnet och du kan besöka en hundskola där du får undervisning och alltid kan känna dig trygg.

Under de första och ännu unga veckorna har Amstaff inte några aggressiva drag, utan är snarare mycket smart, snäll och alltid redo att lära sig nya saker. Detta är positiva aspekter som definitivt bör användas i träningen. Som med alla andra hundar bör man se till att den har regelbunden kontakt med andra hundar. God socialisering är oerhört viktigt, särskilt för den här rasen. När han väl har flyttat in i sitt nya hem bör han introduceras kärleksfullt till vardagslivet och barnen. American Staffordshire älskar barn. Det är viktigt för hans utveckling att han har mestadels goda erfarenheter. Den tid du spenderar med din nya älskling kommer att betala sig senare. Amstaffs är hundar som älskar att arbeta och leva med sina människor. Orättvis behandling gör dem bara aggressiva.

Att träna den amerikanska Staffordshire-valpen i hemmet

Valpar är rena av naturen. De förorenar aldrig sin egen sovplats. Redan vid tre till fyra veckors ålder flyttar de sig från sin sovplats för att göra sina behov. Det snabbaste sättet att träna en valp är att ha valpen med sin vårdare hela tiden under de första dagarna. På så sätt kan du hålla ett öga på honom och ha möjlighet att reagera omedelbart om du känner att han letar efter en plats. Sedan ska han tas ut så att han kan sätta sig ner och släppas fri. *Men* du får inte berömma hunden eller prata med den under "lösningen", för då slutar valpen omedelbart. På natten ska han sova bredvid sängen så att du omedelbart märker om han blir orolig och kan gå ut med honom så fort som möjligt. Hunden är ett flockdjur och lider mycket om den blir utstött ur flocken. Därför bör du inte göra detta mot honom och aldrig låsa in honom i badrummet eller källaren på natten. Under tiden som valp bör American Staffordshire Terrier få en chans att bli lösgjord inom en tidsram på cirka fem till sex timmar. När han väl har släppts ut utanför hemmet ska han få mycket beröm. Det är en signal till honom att han har gjort allting rätt. Det kan också hända att den lilla Amstaff gör sina behov i lägenheten eller i ett rum. Detta sker vanligtvis när han inte längre kan hålla sig för sig själv. Men att skälla på honom då skulle inte vara rätt.

Om han inte blir tagen på bar gärning ska du lugnt skälla ut honom, men inte för hårt, och visa honom att han har gjort något fel.

Att vänja valpen vid halsband och bröstsele. Om du har för avsikt att vänja den unga valpen vid halsband och/eller bröstsele bör du göra det så tidigt som möjligt. Du kan börja med att visa honom halsbandet och sätta på det så enkelt som möjligt. Reaktionerna på detta är mycket olika: vissa valpar börjar yla förfärligt och gör motstånd av alla krafter, andra hanterar det som om det vore helt normalt, och åter andra hamnar i en slags "chockförlamning" och vågar inte ta ett enda steg.

Oavsett hur den unga valpen reagerar är det viktigaste att hålla halsbandet på mycket kort tid. Det beror på vilken reaktion valpen har visat. Om det var bra kan du sätta på halsbandet igen samma dag eller nästa dag om det är en chockreaktion. Om han har skött sig bra ska du berömma honom med en glad röst. På så sätt förknippar han kragen med en glädjande händelse. Det andra steget är kopplet. Återigen är det bättre att visa valpen kopplet i förväg och bara fästa det i halsbandet under en kort stund. När han har accepterat detta kan du börja träna på att gå i koppel med honom inomhus.

Figur 7: Lång linor med bröstband.

Om hunden efter dessa övningar ska gå sin första riktiga promenad i det fria bör den åtminstone kunna utföra de grundläggande kommandona, dvs: Sit, Down, Stay, Here och Heel bör vara minst halvvägs behärskade. Den unga hunden måste veta ungefär vad som menas. Men även när det gäller kommandon krävs mycket tålamod från ägarens sida, eftersom valpen inte alltid vet omedelbart vad som begärs av den och den lyder inte direkt. Särskilt när den unga hunden är i skogen eller på en hundrastgård för första gången finns det många nya saker att upptäcka och den kommer att vilja sniffa runt överallt. Dessutom vet den lilla Amstaff inte ännu hur man går i koppel och har ännu inte lärt sig det. American Staffordshire Terrier är dock mycket intelligenta och villiga att lära sig, och de förstår snabbt vad du vill att de ska göra.

Viktigt!

- Det kan inte sägas ofta nog: att tidigt socialisera American Staffordshire Terrier med andra djur och människor är en av de viktigaste sakerna att göra.

- Genom god socialisering kan Amstaff också hantera sin omgivning på ett lugnt sätt.

Lär ut grundläggande kommandon på ett lekfullt sätt

Den lilla Amstaffvalpen har äntligen hämtats från uppfödaren och har kommit till sitt nya hem. Efter de första dagarna i den nya miljön har han kommit till rätta och ska nu få grundträning. Men varför är det generellt sett så viktigt att valpar lyssnar på sina människor? Först och främst är de grundläggande kommandona till för att skydda valpen och hålla den säker. Om valpen inte lär sig grundläggande lydnad kan en olycka lätt inträffa, och det vill du absolut inte. Dessa kommandon är också viktiga i det senare vardagslivet, eftersom Amstaff alltid måste vara omedelbart tillgänglig.

De grundläggande kommandon som varje hund bör känna till är följande:

- Sittplats
- Plats
- Håll dig på
- Kom
- Från

Dessa fem viktiga kommandon inom hundträning är viktiga för varje hund att känna till, så att det inte blir så stressigt för ägarna i deras dagliga arbete.

Men var ska man börja?

För att göra det lättare för valparna att lära sig bör du alltid börja med övningarna i en välbekant miljö som är mycket lågintensiv. Ökningen kan anpassas successivt. Detta är det bästa sättet att öka känslan av framgång för båda parter. Det är också viktigt att välja rätt tidpunkt. De första två sekunderna efter en övning är avgörande för ett positivt beteende, eftersom valpen då kommer att associera sitt beteende med en belöning som ett önskat beteende.

Valpen ska och behöver inte belönas med en godbit varje gång. Det räcker med ett enkelt ord som "bra" eller en liten lek med valpen, som den också ser som en belöning, är också lämplig. Det bästa sättet att ta reda på vilken typ av belöning man ska använda för valpen är att prova sig fram. En blandning av godis, lovord eller korta lekar är också tänkbart. Det viktigaste är att den lilla valpen väntar glatt på nästa kommando.

Ett problem med att berömma med godis är att valpen kan bli "trött" på dem och inte längre acceptera dem. Här bör du testa vilka andra sorters djur han tycker om eller om det överhuvudtaget är meningsfullt att berömma honom med godis. Det är dock mycket viktigare att han kan förknippa sitt goda beteende med det sätt på vilket han får beröm.

I början är det klokt att öva nya kommandon med godis. När valpen väl behärskar dessa kommandon kan du gradvis avstå från dem och bara berömma den med röst, ansiktsuttryck och lek. Om du arbetar mycket med godis är det dock lämpligt att se till att huvudfodret minskas för att undvika övervikt hos valpen. Det är också viktigt att tillräckliga viloperioder iakttas. Valpen måste först internalisera vad den har lärt sig och kunna minnas det när som helst.

Att lära Amstaffvalpen sitt namn

Naturligtvis är det viktigt att valpen kan sitt namn och när den kallas ska den svara på sitt namn och komma till sin vårdare. När du kallar Amstaff-valpen till dig kommer den att förknippa sitt namn med det faktum att den är menad. Låt sedan några sekunder gå innan du ger hunden ett nytt kommando. Att kalla valpen vid namn ska inte låta som ett kommando. Den mänskliga rösten ska låta lugn och avslappnad. Att kalla på valpen med stressad eller irriterad röst är ett oroväckande tecken för den lilla Amstaff.

Det är inte särskilt svårt att lära en valp sitt namn. Hundägare som redan har haft en hund eller två känner till förfarandet: När valpen inte är upptagen och kanske till och med är uttråkad kan du kalla på den med en uppmuntrande och avslappnad röst. Redan detta borde räcka för att få valpen att titta över till sin vårdare. Och det är precis rätt tillfälle att berömma honom överdrivet. Om detta förfarande har använts några gånger kommer Amstaff att spetsa öronen så fort han hör sitt namn.

American Staffordshire Terrier måste känna till tydliga gränser.

Det är särskilt viktigt att visa den unga valpen tydliga regler om inte bara en person är ansvarig för uppfostran, utan även andra familjemedlemmar är integrerade. Hela familjen måste komma överens om vad den unga valpen får göra och vad den helst inte får göra.

Det skulle till exempel vara förvirrande om han leker med ett föremål som han i princip inte får ha och barnen roas av det. Vårdaren kommer dock att skälla ut den unga Amstaff och försöka ta tillbaka föremålet från honom.

Amstaff vet då inte vad han har gjort för fel och är osäker. Det är därför bättre om hela familjen redan från början är överens om vad den unga hunden får göra. Detta hjälper Amstaff och han lär känna sina gränser bättre och snabbare.

Kommandot "Kom eller kom hit

Kommandot "Kom" eller "Här" är det viktigaste kommandot för alla hundar. Djuret måste kunna kallas bort omedelbart från alla tänkbara situationer. Särskilt när valpen är liten är det mycket lätt att öva på detta grundläggande kommando, eftersom valpen fortfarande är väldigt fixerad vid sin vårdare och snabbt följer med. Som med alla övningar är rätt tidpunkt viktig. Därför ska du bara kalla valpen till dig när du är säker på att den kommer till dig. Om han är entusiastiskt upptagen med något annat, ringer du förgäves. När det är dags ropar du på valpens namn och uppmuntrar den att komma till dig. Detta kan ske genom en speciell ropton, genom att klappa i händerna, med en leksak eller till och med genom att vända sig om och gå därifrån. Du måste prova vad valpen reagerar bäst på. När valpen har börjat komma till sin vårdare använder du kommandot "Kom" eller "Här". När han har anlänt med glädje får han ett extraordinärt beröm och en vänlig röst. I början bör kommandot kopplas till en mycket trevlig händelse, till exempel en stor belöning, en kort lek eller en särskild godbit. På så sätt kan du se till att valpen kommer till dig även när den egentligen är fixerad vid något annat. Det är också därför du aldrig ska skälla ut honom när han kommer. Inte ens om han inte lyssnade de första tio gångerna. Du bör börja med detta kommando i en miljö där valpen inte får så mycket stimulans. Efter en tid kan nivån och distraktionen ökas.

Viktigt!

➢ Det definitiva kommandot för alla hundar är "Kom eller kom hit".

➢ I alla tänkbara situationer i vardagen är kommandona es av grundläggande betydelse.

➢ I början ska du bara kalla valpen till dig om du är säker på att den kommer.

➢ Genom att klappa mjukt, leka med en leksak eller gå iväg kan kommandot betonas i början.

➢ Så snart valpen är på väg ger du kommandot "Här" eller "Kom".

➢ När valpen är där berömmer du den med en söt röst.

➢ Du får under inga omständigheter skälla på honom när han kommer till dig, även om han inte har hört dig förut.

Kommandot "Sit" (sitta)

Särskilt unga valpar, som ännu inte har haft någon erfarenhet av att lära sig, kan förstå kommandot mycket snabbt. För att öva på detta kommando kan du stå eller huka dig framför djuret och hålla en godisbit mellan tummen och långfingret. Håll nu upp pekfingret för att lära valpen att sitta. Handen med godiset går nu upp förbi hundens näsa så att valpen tvingas lägga huvudet bakåt tills den sitter på golvet. Om du ser att han för sin bakdel mot marken ger du kommandot "sitt". Precis när rumpan rör marken ger du honom genast godiset och berömmer honom mycket.

Figur 8: Visuell signal "Sit".

Kommandot "Place" (plats)

Utifrån kommandot "Sit" kan du nu öva kommandot "Sit" med valpen under träningen. För detta ska valpen sitta framför dig. Använd en godisbit igen, den här gången mellan pek- och långfingret, och för ner handflatan framför hundens näsa. Om den lilla kroppen rör sig nedåt säger du kommandot "Sitt" och ger honom genast belöningen. Återigen belönas valpen rikligt.

Viktigt!

✓ Unga valpar som inte har haft någon erfarenhet av inlärning internaliserar kommandona "sitt" och "ner" mycket snabbt.

✓ För "sitta" tar du en godbit mellan tummen och långfingret.

✓ Flytta handen med godiset upp förbi hans näsa.

✓ Så snart bakdelen går mot marken ger du kommandot "sitt!".

✓ Utifrån kommandot "Sitt!" kan du öva kommandot "Ner!" när du tränar med valpen.

✓ Ta godiset mellan pek- och långfingret och för ner det med handflatan (syntolkningssignal) framför valpens näsa.

✓ Om han visar tecken på att lägga sig ner, ge honom godiset omedelbart och beröm.

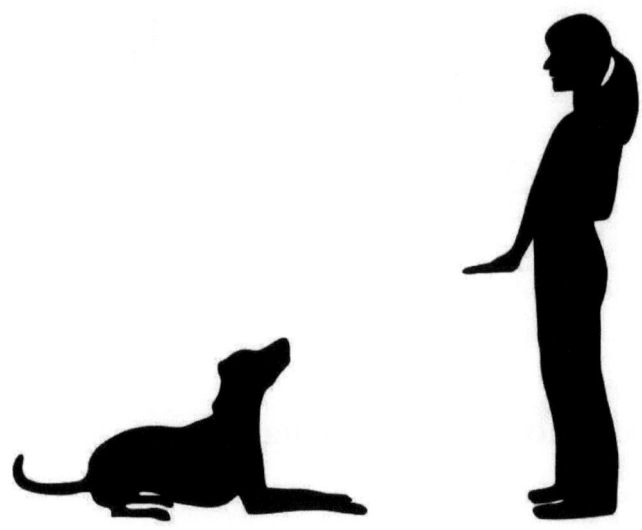

Figur 9: Visuell skylt "Place

Kommandot "Stanna kvar

Det kommer alltid att finnas situationer i vardagen där det är nödvändigt att valpen, och senare den vuxna hunden, stannar hemma, även om American Staffordshire inte klarar av det. Under denna träning ska valpen sitta framför sin vårdare. För att i princip visa innebörden av kommandot "Stanna" räcker det ofta med ett tydligt kroppsspråk. Stå rakt framför valpen, luta dig lätt framåt och håll ut en platt hand. Redan denna hållning talar för att han ska stanna där han är. Nu tar du ett litet steg tillbaka, stannar några sekunder och går sedan framåt igen. Valpen belönas omedelbart för att den stannar kvar. Om detta steg tillbaka har fungerat bra kan du gradvis välja ett större avstånd och därmed öka tiden som valpen sitter kvar. Vid en viss tidpunkt kommer tiden då du kan lämna den unga hunden ensam.

Kommandot "Av".

"Av" är det viktigaste kommandot vid sidan av kommandot "Här" och det gäller inte bara när du spelar. Det spelar ingen roll vad den unga hunden har i munnen, den måste genast ge tillbaka det eller lägga ner det på kommando. Detta gäller naturligtvis också när du ger eller lägger ner matbitar som du hittar i naturen. Det kan rädda en hunds liv. Det finns fler och fler "hundhatare" som placerar ut giftbete på promenadvägar eller ängar och accepterar att ett djur förgiftar sig självt, vilket sker på ett grymt sätt.

För att valpen ska lära sig det här kommandot leker du med valpen och en leksak som du fortfarande lätt kan ta tag i själv när han håller den i munnen. Du sträcker dig sedan över munnen med en hand, vilket får honom att släppa leksaken. Och precis som med de andra kommandona säger du "Av" i det ögonblicket. Återigen belönas valpen med en godbit eller en kort lek. Det är mycket viktigt att valpen lär sig att den får tillbaka sin leksak så snart den släpper den och att den inte tas bort helt och hållet. Efter några träningspass är det inte längre nödvändigt att sträcka sig över valpens nos, eftersom den unga hunden frivilligt släpper det föremål den har i munnen när kommandot ges.

Särskilt i början är det viktigt att se till att valparna inte utsätts för alltför stora fysiska krav för att undvika skador på senor och ben i vuxen ålder. När den mörka och våta årstiden börjar är det ofta svårt att ge den lilla valpen tillräckligt med motion.

Då är det dags för "tankespel". De är ett bra alternativ till promenader. Det finns många bra hjärnspel som du kan spela med din valp.

Hjärnspel är en bra avkoppling från den dagliga promenaden för det unga djuret, eftersom de hjälper det att lära sig små trick och håller det mentalt sysselsatt. Sådana spel är mycket mångsidiga och det fina är att du snabbt kan göra dem själv med några få resurser. Med lite ansträngning kommer du att ha mycket roligt. Mat eller leksaker gömmer sig mitt i lägenheten eller i trädgården. Naturligtvis får hunden inte ta reda på det. Nu är det hans tur att hitta föremålen, även om den direkta vägen är blockerad. Den unga hunden måste nu tänka ut en strategi för att hitta den bästa vägen till leksaken eller maten. Och det är precis vad hjärnspelen handlar om: Valpen måste bestämma sig för ett visst tillvägagångssätt och det är också mycket ansträngande för den. När spelet är slut måste han först vila.

Figur 10: Visuell signal "Av".

Lär känna valpens kroppsspråk

Valpar kommunicerar med sina jämnåriga från början genom sitt kroppsspråk. Detta inkluderar ansiktsuttryck, kroppshållning, lukten av varandras valpar och de ljud som de gör. I allmänhet använder hundar munnen, ögonen, öronen och svansen för att uttrycka sina känslor.

Till skillnad från många andra djur kan de också kommunicera bra med människor. Detta leder också till antagandet att hundar är så eftertraktade husdjur och följeslagare. Valpen kommer att se sin vårdare som en del av sin flock och lär sig därför snabbt att känna igen humöret och avsikterna.

Det vanligaste misstaget vid valpträning

Om hunden uppvisar ett beteende som är både räddhänt och aggressivt eller om den okända situationen överväldigar hunden, tror de flesta att de måste klappa den unga och rädda hunden för att minska rädslan eller det aggressiva beteendet. Detta är dock ett helt felaktigt tillvägagångssätt!

Det är fel, eftersom hunden nu uppfattar klappningen som ett beröm för sitt rädda eller aggressiva beteende och därför blir ännu räddare.

Som en allmän regel ska räddhågat eller aggressivt beteende varken belönas eller straffas. Detta kan snabbt bli ett stort problem, särskilt när det gäller American Staffordshire Terriers.

American Staffordshire Terrier i puberteten

Alla unga hundar kommer in i puberteten efter några månader, även American Staffordshire Terrier. Puberteten börjar vanligtvis mellan den sjunde och tolfte månaden. Det är också den tid då den växande hanhunden visar sin överlägsenhet. Nu testar hanhunden oftare i vilken utsträckning han kan upprätthålla sina egna regler och sitt eget beteende. För hundägaren är detta början på den period då den unga Amstaff "inte känner för att göra något".

Under ungdomsåren är unga Amstaffs extremt krävande. De sliter sönder kuddar och soffor om de är ensamma i lägenheten eller huset för länge. Därför bör ägarna se till att om deras Amstaff måste lämnas ensam under en viss tid, så är det i ett rum där den inte kan göra så mycket skada. Unga hundar som är i puberteten uppvisar alltid ett beteende som liknar tonåringarnas. Den unga Amstaff, som hittills alltid har varit mycket villig att lära sig och som behärskar kommandona väl, kommer från och med nu inte längre att kunna några kommandon.

Övergången till "vuxenlivet" börjar redan efter valptiden. Puberteten är lätt att känna igen genom att valparna tappar mjölktänderna och de riktiga tänderna växer fram. Puberteten är ett utvecklingsskede som nästan sömlöst övergår i vuxenlivet. De är alltså knappast åtskiljbara från varandra. Beroende på ras varar puberteten mer eller mindre länge och hunden blir könsmogen under denna fas. Hos tikar börjar puberteten när de får sin första brunst. Hanhundar börjar däremot lyfta på benet för att urinera. Ett annat tecken på pubertet hos hanhundar är att de plötsligt intresserar sig för andra hundars markeringar och att leken blir tuffare. Beroende på eventuell stressnivå eller näringsstatus (för tjockt/för tunt) kan puberteten ske snabbare eller senare. Naturen har ordnat det så att djuret blir könsmoget först när det finns tillräckliga fysiska reserver och djuren rör sig i en säker miljö.

Men i slutet av puberteten är det fortfarande långt kvar till det "riktiga" vuxenlivet. Utvecklingsfasen till vuxen ålder tar ytterligare två år. Det är först när hela denna utvecklingsprocess är avslutad som American Staffordshire Terrier är fysiskt och mentalt mogen. I detta skede av livet sker den slutliga utvecklingen av de sekundära könsegenskaperna och förändringen av beteendet. I likhet med människor förändras inte bara det yttre och synliga beteendet, utan även den inre strukturen "omstruktureras", vilket innebär att till exempel den unga Amstaff utvecklas mentalt. Puberteten startar med hormonet GnRH (Gonadotropin Releasing Hormone). Detta hormon utlöser frisättning av könshormoner, vilket i sin tur leder till frisättning av andra neurotransmittorer i hjärnan. Hundens beteende skiftar mer och mer från ett "barnsligt" och känslomässigt beteende till ett vuxet och förnuftigt beteende.

Vad är viktigt under hundens pubertet?

Under puberteten sker olika förändringar i hundens organism som inte bara påverkar kroppen. Det kommer också att ske mentala förändringar. Nedan listas två viktiga punkter som utlöser sådana förändringar. Detta hjälper också hundägaren att bättre förstå hundens beteende:

Förändringar i nervcellerna utlöses av tillväxtspurten: för att hjärnan ska kunna arbeta effektivare med stigande ålder "omstruktureras" så att säga de neurala förbindelserna. Viktiga förbindelser stärks ännu mer och mindre viktiga förbindelser försvinner. Allt detta sker huvudsakligen i den prefrontala hjärnbarken. Det är den hjärnregion som ansvarar för medvetna processer som t.ex. tänkande och inlärning och som gör det möjligt för motsvarande reaktioner att äga rum. Det är därför impulsiva handlingar kan förekomma under puberteten. Även andra områden, som t.ex. amygdala, växer under detta utvecklingsskede. Amygdala är det område i hjärnan som är ansvarigt för känslor: rädsla, aggressivitet eller glädje. Detta påverkar också djurets känsloliv.

Hormonsvängningar förekommer: De två hormonerna testosteron och dopamin orsakar rastlöshet hos hunden, eftersom receptorcellernas känslighet också befinner sig i en förändringsfas. Det kan innebära att hunden blir mer känslig för stress eller är mer nervös än tidigare. Hunden reagerar spänt på yttre stimuli, precis som den reagerar på omständigheter som är bekanta för den. Detta är typiska humörsvängningar som även ungdomar känner till.

Hur går utvecklingsåren till hos hundar?
En hund genomgår två känsliga och formativa faser under sin livstid. I början finns den så kallade "rankingfasen", dvs. tiden mellan den tolfte och sextonde veckan. Den liknar nästan den trotsiga fasen hos småbarn. Den andra viktiga och utmärkande fasen är puberteten. Den inträffar vanligtvis mellan den sjätte och tolfte månaden. Det beror dock på hundrasen. Hos tikar är den första brunsten den första signalen, och hos hanar är övergången från unghund till tonåring ganska flytande. Ett första tecken kan dock vara att hanhunden lyfter

på benet när den kissar och börjar markera. Adolescensen avtar långsamt när djuret är mellan två och tre år gammalt och fullvuxet.

Vad bör man tänka på under puberteten hos American Staffordshire?

Du bör vara uppmärksam på följande punkter under hundens pubertet:

Respekt: Du måste alltid hävda dig själv! Särskilt Amstaff måste ha en fast hand som vägleder honom i denna fas. Om han blir alltför dominant blir det svårt att få kontroll över honom i vuxen ålder. Det är inte fel att vara förstående mot hunden, men dåliga vanor får under inga omständigheter tillåtas. Du måste alltid förbli den självsäkra och oimponerade ledaren för flocken, som hunden kan orientera sig väl till även i den svåra fasen.

Tålamod: Vissa Amstaffs kan knappt komma ihåg vad de har lärt sig. De verkar vara långsamma eller svarar inte alls när de kallas. Under den här fasen bör Amstaff vara kopplad under promenader så att inga obehagliga situationer uppstår i mötet med andra hanhundar. Även om det ibland är svårt, kommer förståelse och mycket tid att hjälpa dem under denna tid. Glädjen för att lära sig kan återigen väckas hos dem, eller så kan de lära sig nya trick med mycket uppmuntran och beröm.

Skydd: En hund i puberteten inser ofta inte farorna och känner ingen risk. Det är därför ännu viktigare att alltid hålla ett vaksamt öga på sin unga hund och att kunna ingripa om "tonåringen" utsätter sig för fara. Under denna tid bör man om möjligt undvika att flytta eller lära ut helt nya saker. Det är nya omständigheter som Amstaff måste anpassa sig till och det kan göra honom överväldigad.

Frågan som går isär: Att kastrera eller inte kastrera?

Precis som när det gäller utfodring och träning finns det inget färdigt svar här. Varje han- och honhund är annorlunda och beslutet bör inte fattas lättvindigt.

I vilket fall som helst bör du vänta med att kastrera båda könen tills din hund är vuxen, och inte bara fysiskt. Kastrering är ett djupgående ingrepp i hormonbalansen och medför djupgående förändringar, både fysiskt och psykologiskt. Hundar som inte är fullvuxna kan fastna i unghundsfasen resten av sitt liv, där de testar gränser, bråkar och prövar saker och ting.

Många hundar blir glupska när de kastreras, vilket innebär att du måste skydda dig mot den hjärtvärmande blicken och strikt ransonera mat eller godis. Mer motion är nödvändig för att Malinoisen inte ska bli fet och trög. Andra hundar, som tidigare var djupt avslappnade när de umgicks med andra hundar, blir plötsligt antingen aggressiva eller helt undergivna. Båda varianterna är inte roliga, eftersom rädda hundar ofta blir bitna av andra. Att behöva bestämma sig för om man hellre vill ha den som biter eller den som biter i kopplet är inget som någon hundägare vill behöva uppleva. En promenad med en rädd eller aggressiv hund är fortfarande inte rolig, för din hund ska trots allt ha kontakt med andra hundar och leka, springa och leka runt. I båda fallen kan intensiv individuell träning på en hundskola hjälpa till, men innan det blir aktuellt bör du tänka två gånger om du kastrerar din hund.

För hanhundar finns det också kemisk kastrering genom ett hormonimplantat. Läkemedlet bryts långsamt ner och sänker testosteronnivån. Varaktigheten är mellan sex månader och ett år, beroende på läkemedlet. Så om du är osäker på om du vill låta din hanhund kastreras eller inte kan du prata med din veterinär om detta hormonimplantat. Man får dock inte slarva med medicinen och till exempel klara sig ibland med och ibland utan hormonpreparatet under hela hundens liv. Om du ser att din hanhund med minskad testosteronnivå är en helt normal, lydig OCH välbalanserad hund, finns det inget som talar emot att fortsätta använda dem eller att låta dem kastreras kirurgiskt.

Av personlig erfarenhet kan jag stödja det kemiska kastrationstestet. Efter att han en gång rymde från mig över en trafikerad väg för att jaga en tik, övervägde jag allvarligt att kastrera honom, men bestämde mig för att använda ett hormonpreparat som ett test. Min hanhund var ett sådant fall och gick från normal till ängslig på några veckor. Det fanns inte längre några tecken på avslappning under hundmötena. Han kastade sig genast på ryggen, blev ständigt biten och riden av andra hanhundar. Till råga på allt åt han upp varenda hundbajs som han stötte på (det var otaliga) och kräktes upp dem igen hemma. Så jag visste att permanent kastrering var uteslutet. Min lösning var intensiv, lekfull träning under ledning av en hundtränare. Metoden stärkte bandet mellan oss, han blev 95 procent återkallningsbar även i närvaro av heta tikar och han har blivit en normal, balanserad hund igen som inte längre är rädd för artfränder.

Vad kastrering, oavsett om det är en hane eller en hona, inte kan göra är förresten att utjämna grundläggande tränings- eller beteendefel. Alla aggressioner hos en hund är inte sexuellt motiverade, och en förändring i karaktär eller lydnad är inte något som man kan operera på eller avlägsna. Det som reduceras är hanhundens aggression mot okastrerade rivaler och tikens aggression mot andra honor i brunst, men inget mer.

> Tips: Ibland verkar alla tikar i närheten bli bruna samtidigt. Om din hanhund fortfarande är för ung för att kastreras kan ett homeopatiskt läkemedel hjälpa honom att slappna av mer. Agnus Castus Globuli (från den medicinska växten munkpeppar) dämpar sexlusten. Det hjälper inte alla hanhundar, men det kan hjälpa din hund. Det är bäst att diskutera den exakta doseringen med en djurläkare eller veterinär.

Det finns medicinska skäl som gör kastration nödvändig, t.ex. om livmodern är förstoppad hos tikar eller om hundar är rastlösa och vägrar äta. När det gäller sambandet mellan kastrering hos båda könen och förekomsten (eller icke förekomsten) av vissa typer av cancer kan inget uttalande göras här. För varje studie som cirkulerar på nätet eller som veterinären citerar finns det en studie som bevisar motsatsen. Det finns ingen enkel lösning, hur gärna man än skulle vilja presentera en ofelbar metod och göra beslutet enkelt för dig. Beslutet om kastrering eller inte är ett beslut som varje hundägare måste fatta själv.

Testet av karaktär - från och med den 12:e månaden

Vad exakt menas med ett temperamentstest?

Ett temperamentstest är en undersökning som avgör hur farlig en hund är. Specialutbildade experter använder tester för att kontrollera hur hundens allmänna beteende är, men också hur hunden beter sig när den hamnar i en stressig situation, t.ex. en högljudd skrikande bebis i en barnvagn. Varje delstat bestämmer själv vilken hundras som måste genomgå ett temperamentstest. Varje hundägare kan hitta detaljerad information om detta i respektive delstats hundlag eller hundförordning.

När måste hundar genomgå ett temperamentstest?

Det är inte nödvändigtvis bara hundar som finns med på listan över kamphundar som måste genomgå ett temperamentstest. Aggressiva hundar", som uppvisar ett särskilt aggressivt beteende, måste också genomgå sådana beteendetester. När det gäller förtecknade hundar utgår lagstiftaren i princip från att en hund har en farlig natur på grund av sin ras, dvs. ärftlig. I sådana fall undersöker experterna i första hand om det finns indikationer på den förmodade aggressiviteten. Vissa delstater går till och med så långt att de tvingar ägarna till listade hundar att låta hunden genomgå ett temperamentstest vartannat år. Detta ger myndigheterna en överblick över hur hunden utvecklas. Om ett temperamentstest godkänns har förvaltningsområdena möjlighet att legitimera att hunden hålls eller att undanta ägaren från vissa krav som gäller för hundar som är upptagna i förteckningen. Aggressiva hundar behöver inte nödvändigtvis hållas som listade hundar. Sådana hundar är djur som har uppvisat ett aggressivt beteende och vars ägare har anmälts. En sådan farlig hund måste sedan genomgå ett test. Detta gör det möjligt för experterna att korrekt bedöma i vilken utsträckning hunden uppvisar ett aggressivt beteende och om detta är typiskt för arten.

Vilka institutioner genomför karaktärstester?

Karaktärstesterna för hundar är respektive delstaters ansvarsområde, och ansvarsområdet för ett karaktärstest varierar från region till region: vanligtvis är det ett kontor eller en institution som ansvarar för det. Hundägare kan dock alltid kontakta följande institutioner:

- Kontoret för allmän ordning
- Veterinärbyrån
- Veterinärer

Om en veterinär har ombetts att utföra ett temperamentstest måste man naturligtvis försäkra sig om att han eller hon har goda kunskaper om rasens typiska beteende. Eftersom veterinärer dagligen arbetar med hundar i sitt yrke har de relevant erfarenhet och kan också se efter sjukdomar hos hunden som kan påverka aggressivt beteende.

Vid vilken ålder är det klokt att göra ett temperamentstest?

Experter rekommenderar att en hund ska genomgå ett temperamentstest först när den är mellan 12 och 15 månader gammal. Men även här varierar bestämmelserna från stat till stat. I vissa delstater är det möjligt att göra ett test vid 6 månaders ålder.

Förlopp för ett temperamentstest

Hur ett sådant test går till varierar också från land till land. Som regel består temperamentstestet av två delar: Först intervjuas hundägaren och hunden undersöks. Själva testet utförs vanligen på ägarens hemort. Undersökaren testar hur hunden reagerar på vissa stimuli i olika situationer. Här befinner sig hunden i normala och vardagliga situationer, men också i situationer där examinatorn provocerar hunden. Det är en del av reglerna att experterna granskar det efterföljande beteendet närmare:

- Lydnad - att följa och utföra kommandon
- Djurets kontakt med omgivningen - hantering i stressiga situationer, t.ex. typiskt sett en gråtande bebis i en barnvagn, vilt ringande cyklister och tutande bilar.
- Djuret kommer i kontakt med andra människor, t.ex. joggare.
- Djurets kontakt med andra artfränder - möte med en hund (av samma kön) vid ett stängsel.

En negativ utvärdering sker när hunden går in i en situation som är beredd på en konflikt och reagerar aggressivt. **Ett exempel:** hunden försöker bita personen mittemot. Om testet däremot klarades med framgång får hundens ägare ett intyg om att hunden inte har ökat sin aggressivitet. Även ett positivt intyg kan dock vara förenat med restriktioner.

Hur mycket kostar ett sådant karaktärstest?

Eftersom de direkta bestämmelserna är beroende av de olika delstaterna varierar också kostnaderna i enlighet med detta. För att delta i ett beteendetest krävs att ägaren har ett kompetensbevis, vilket kostar mellan 50 och 200 euro. Själva beteendetestet kan sedan kosta upp till 300 euro.

Vad händer om hunden inte klarar temperamentstestet?

Om examinatorn upptäcker beteendeproblem hos hunden under provet finns det tyvärr också olika sanktioner. Den ansvariga officiella veterinären kan t.ex. föreskriva ytterligare träningsåtgärder eller till och med ett krav på koppel och munkorg. I mycket extrema fall kan veterinären också beslagta djuret.

Den vuxna hunden

Inget kan undgå American Staffordshire Terrier. Han gör allt i sin makt för att skydda sin familj så gott han kan. När han är med sin familj eller sin vårdare älskar han att bli klappad och kräver det. Precis som hans spelinstinkt, som han fortfarande vill leva ut med stigande ålder. Om Amstaff utmanas bör man dock inte underskatta dess styrka, men ansvarsfulla och erfarna hundägare vet hur man bedömer detta.

Om hans behov av att röra på sig har tillfredsställts tillräckligt och om Amstaffshire redan från tidig ålder har fått positiva erfarenheter av att vara ensam, har American Staffordshire inget emot att bli lämnad ensam under en tid. Det får dock inte vara för många timmar åt gången, eftersom han då får problem med detta och saknar sin familj. American Staffordshire är en trevlig följeslagare i det dagliga livet, som dock kan uppvisa typiska terrieregenskaper.

Detta innebär att han kan vara ganska envis och tjurskallig, vilket kan vara ett hinder för hans uppfostran. Träningen bör påbörjas så tidigt som möjligt så att ägaren kan etablera auktoritet och så att Amstaff inte vänjer sig vid oönskade beteenden. Om träningsmetoderna är konsekventa är Amstaff en mycket lydig hund som är mycket lojal mot sina människor och aldrig skulle springa iväg.

American Staffordshire Terrier skäller väldigt lite, eftersom de redan genom sin fysik ger en skrämmande effekt. American Staffordshire har dock en negativ egenskap: Amstaff har mycket energi och om den inte blir av med den genom olika aktiviteter och inte får motionera har den en förmåga att förstöra föremål. Det kommer inte att glädja en hundägare.

Amstaff som vakthund

Det är välkänt att American Staffordshire Terriers är bra vakthundar. Detta beror främst på att han är en listad hund och klassificerad som farlig. De är misstänksamma mot främlingar, men det är förmodligen deras avskräckande effekt som får inkräktare att skygga undan. Även om Amstaff har avlats i flera år enbart som sällskapshund är hans skyddsinstinkt fortfarande ganska stark och han skulle göra vad som helst för att skydda sin familj.

Om du har bestämt dig för att köpa en American Staffordshire Terrier bör du vara medveten om att det innebär mycket tid, engagemang och ansvar. Amstaff är inte nödvändigtvis lätt att träna och är dessutom en listad hund, vilket innebär att ägaren har en hel del skyldigheter. Om dessa inte respekteras på ett korrekt sätt kan sanktioner följa. Därför är det inte heller tillrådligt för förstagångshundägare att skaffa en Amstaff, utan endast hundvana personer som vet hur man hanterar denna ras.

American Staffordshire är en mycket tålig ras som vanligtvis inte har några större hälsoproblem som vissa andra hundraser. Rasen tål också värme ganska bra, vilket är en fördel under de allt hetare somrarna. När temperaturen är mycket hög bör Amstaff naturligtvis vara inomhus där den kan svalna.

Amstaff tål också relativt bra låga temperaturer. De är som sagt mycket tåliga och har mycket energi, vilket de också vill leva ute i kylan.

American Staffordshire Terriers är hundar som behöver uppgifter. Utmaningarna bör vara relaterade till såväl mentalt som fysiskt arbete. Den perfekta "arbetsmiljön" för den här rasen är områden inom bevakning och sjukvård eller katastrofkontroll. Om Amstaff är rätt tränad kan den också användas som terapihund. Vuxna Amstaffhundar har en speciell hoppförmåga, vilket man inte skulle förvänta sig av de "biffiga" hundarna. Detta bör man ha i åtanke, särskilt när det gäller att ta sig över sitt eget trädgårdsstaket. Men grävning är också djupt rotad i Amstaff. En stängselhöjd på minst 1,60 meter är ett absolut MÅSTE.

På grund av den enorma rörelsedriften och den stora uthålligheten är det viktigt för American Staffordshire att ta långa och omfattande promenader eller vandringar. Han kan också springa några varv snabbt och släppa loss. Därför är idrottsliga personer och aktiva familjer de perfekta ägarna. Olika bollspel, hämta föremål eller jogga med sin vårdare - allt detta ger honom mycket roligt, vilket du bör ge din Amstaff. Å andra sidan lämpar sig sporter som flyball, lydnad och smidighet för att få ordentlig motion.

Sjukdomar som är vanligare hos denna ras är hypotyreos, tröghet i ögonlinserna, höftledsdysplasi och knäproblem. Mer information om sjukdomar finns i kapitel 11. Eftersom pälsen är kort kräver den inte någon särskild skötsel.

I allmänhet känner sig en American Staffordshire Terrier mer hemma på landsbygden, där den har större möjlighet att motionera och leka än i en stad. På grund av hans höga förväntningar måste Amstaff-ägaren vara säker och konsekvent med sitt husdjur. Amstaff behöver tydliga regler och tillkännagivanden som klargör när den visar oönskat beteende. Det betyder dock inte att hunden ska straffas genom att bli slagen. I princip ska ingen hund slås. Det betyder snarare att ägaren konsekvent ska kräva ett önskat beteende. Tålamod och positivt stöd är de rätta åtgärderna här, om Amstaff visar rätt beteende. Det är viktigt att Amstaff-ägaren inte visar svaghet eller avbryter kommandon som inte omedelbart följs av djuret. Genom att sätta upp tydliga regler och ta hand om hunden kommer American Staffordshire att acceptera och lita på sin ägare som "flockledare". American Staffordshire Terrier är inte nybörjarhundar som vill tränas utan kunskap.

En liten lättnad i träningen ges av det faktum att Amstaff vill göra sin människa nöjd, han är intelligent och mycket villig att lära sig. När Amstaff har använt sin överskottsenergi på långa promenader eller cykelturer visar Amstaff sin lugna sida och vill gosa mycket med dig.

Näring, hälsa och vård

Hälsa och vård

Normalt är denna ras mycket motståndskraftig och har inga större sjukdomar.

I vissa fall kan hudproblem uppstå - oftast allergier - men dessa kan kontrolleras väl genom en kostomläggning om hunden är allergisk mot mat. Vissa hundar drabbas också av höftledsdysplasi, ögontrålighet eller hjärtsvikt. Den genomsnittliga livslängden är 12 år.

Det går snabbt att sköta Amstaffs. Eftersom de har en kort päls räcker det med att borsta dem en gång i veckan. Amstaff blir dock också glad över ytterligare borstning, eftersom han kan gosa med den och hundhåren som faller ut inte sprids över hela lägenheten. American Staffordshire Terrier har endast en kort toppskinnspäls, som är slät och glänsande. Den ligger nära kroppen. En nackdel är att de små hårstråna är svåra att ta bort från klädsel, kläder och filtar när de faller. Under denna tid (vår/höst) bör du borsta din Amstaff två gånger i veckan eller mer om det behövs. Speciella borstar kan köpas i djuraffärer. De är tillverkade av olika material, t.ex. hästhår eller naturhår. Utbudet av hundborstar är enormt idag och du kommer säkert att hitta rätt borste för ditt husdjur.

American Staffordshire är mycket lätt att sköta, eftersom pälsen inte heller blir smutsig så snabbt eller har en tendens att samla smuts och damm. Klorna behöver särskild uppmärksamhet. Om de är för långa kan du redan höra din hund springa över plattorna, eftersom de långa klorna gör "klickande" ljud. Då är det hög tid att förkorta dem. Men var försiktig. Om du klipper dem för kort kan du skära in i den "levande" delen av klövern, vilket är mycket smärtsamt för hunden. Om du är osäker på hur du ska klippa klorna är det bättre att låta visa dem för dig eller att regelbundet gå till en yrkesman som gör det.

Eftersom American Staffordshire Terrier inte har någon tät underpäls har den en tendens att frysa på vintern och i mycket kalla temperaturer. I det här fallet kan det vara klokt att köpa ett värmeskydd till Amstaff, till exempel i form av en "hundjacka". Det är bara viktigt att se till att jackan sitter bra så att hundens rörelsefrihet inte störs.

Kosten för American Staffordshire Terrier

Som en allmän regel bör alla valpar få en särskilt balanserad kost under de första veckorna och månaderna. Särskilt mineraler, vitaminer, kalcium och fosfor är viktiga för benens tillväxt. Om det finns kalciumbrist är benen inte tillräckligt mineraliserade och kan brista mycket snabbt. Ligament och senor kan också drabbas av följdskador på grund av undernäring hos valpar. I princip är högkvalitativ mat naturligtvis bättre, även om den är dyrare än okända matvarumärken. Å andra sidan kan du vara säker på att maten inte innehåller slaktavfall eller konstgjorda aromer. En stor del av hundarna får problem med matsmältningen när de får rester av människoföda. Fettinnehållet är oftast alldeles för högt och människoföda är också väl kryddad. Alla hundar bör alltid få hundmat. Av princip bör du hålla fingrarna borta från choklad, purjolök och lök, eftersom de gifter som de innehåller kan skada hunden. Ben, om de ges som foder, bör också ges mycket sällan, eftersom de kan splittra och skada inre organ.

Kosten för denna ras är som för de flesta andra hundraser: det finns inte mycket att tänka på. Maten bör innehålla många mineraler, vitaminer och mättade fettsyror (som i allmänhet). Särskilt omega 3-fettsyror (i fisk, raps- och linolja, grönsaker) bör ingå i hundfodret. Hunden kan erbjudas smakligt lax-, lamm- och kycklingkött som är magert och lättsmält.

Genom att blanda in nyttiga grönsaker och frukter kan du ge hunden variation i kosten. Den dagliga foderransonen bör anpassas till den aktiva Amstaffens motion och energiförbrukning. En korrekt och välbalanserad foderblandning består alltid av flera ingredienser, där proteinkällorna för unga Amstaffdjur framför allt bör bestå av kött, vommen, ägg och mjölkprodukter. Kolhydrater i form av nedbruten stärkelse är en väl tolererad energikälla. Särskilt ris, pasta och havregryn har visat sig vara bra. Fetter kan också ge en betydande mängd energi. Minst fem procent råfett bör dock ingå i torrsubstansen.

Den tillgodoser behovet av livsnödvändiga och essentiella fettsyror. Om hunden redan har fått olika typer av valpfoder eller hemlagad mat hos uppfödaren är ämnesomsättningen redan väl stabiliserad och du kan välja bland de tillgängliga fodertyperna.

En erfaren uppfödare ger valpköparna en foderplan med uppgifter om vilka typer av foder som används, hur mycket de får och vid vilka tider de får mat. Detta garanterar att valpen klarar av att byta foder och att den klarar övergången från uppfödare till ny ägare. En annan aspekt är att matsmältningsorganen inte behöver anpassa sig till all spänning. Diarré och magproblem skulle vara en stor påfrestning för den lilla kroppen. Amstaffvalpen får en liten måltid fyra gånger om dagen, alltid vid samma tidpunkt. Man måste ta hänsyn till att valpens mage fortfarande är mycket liten och att den inte bör övermatas. Nu har du ett stort urval om du vill välja rätt våt- eller torrfoder.

Följande egenskaper bör uppmärksammas:

Deklarationen av ingredienserna i våt- och torrfoder bör alltid vara konsekvent.

Ett exempel: På etiketten står det fortfarande "med läcker kyckling". Men på baksidan står det: "Kött och animaliska biprodukter (varav minst 5 % kyckling), spannmål och vegetabiliska biprodukter. Animaliska biprodukter kan vara: strimlade klövar, horn, näbbar och andra obehagliga produkter. Ingen hund gillar att äta det!

Särskilt under tillväxtfasen bör man se till att det finns tillräckligt med kalcium och fosfor, eftersom de är mycket viktiga för en sund skelettstruktur. Men även här är försiktighet på sin plats: För mycket av båda mineralerna stimulerar tillväxten, vilket kan vara mycket skadligt.

Foderdosen och foderinnehållet måste därför alltid anpassas till American Staffordshires personliga behov. Om du är osäker på hur hög dosen ska vara kan du diskutera detta med din veterinär. Det är också bra att söka råd från erfarna uppfödare om fodret.

Om du känner till barfing (förkortning för "Born-Again Raw Feeders") kan du också mata din American Staffordshire Terrier på detta sätt. De viktigaste ingredienserna är färskt kött, fisk, ben och slaktbiprodukter. Om du funderar på denna typ av kost bör du dock först prata med din veterinär eller rådgöra med en näringsexpert för husdjur.

Det råder ingen tvekan om att en hund alltid har tillräckligt med friskt vatten tillgängligt!

En felaktig kost har dåliga effekter på hunden och sjukdomar kan utvecklas även flera år senare. Den naturliga känslan bestämmer endast en liten del av hundens matplan. Dagens hundar är redan vana vid att äta ost, olika typer av korv och torrfoder med aromer och tillsatser. Numera finns det många olika sorters hundmat. Utbudet av olika typer av mat till din älskade vän är svårt att hålla reda på nuförtiden. Från kräkningar, utfodring med färskt kött, ben och fisk till specialkost med våt- eller torrfoder och veganmat.

Vilken kost ger hunden tillräckligt med vitaminer, mineraler och spårämnen?

Djurfoderforskare varnar för fel torrfoder. Orsaken till detta är att djurens behov har förändrats för länge sedan och att de inte längre bara äter kött och bär från naturen, som vargen en gång gjorde. De flesta torrfoder innehåller alldeles för mycket kolhydrater från vete, vilket leder till att de flesta hundar är överviktiga eller lider av födoämnesallergier.

En felaktig kost kan få konsekvenser på kort eller lång sikt för hunden. Ett mycket tydligt symptom kan ses i pälsen: om den är fet, för torr och spröd eller om den faller ut är det ett tecken på problem med maten.

För många ägare är det så här: Om maten har en hög andel fett kommer pälsen också att vara fet. Om det finns brist på vissa ingredienser blir pälsen torr och kan falla ut på vissa ställen. Om en hund är överviktig har detta också en inverkan på dess hälsa och livslängd. Fettlever, diabetes och ledproblem kan förkorta djurets livslängd på grund av övervikt, precis som hos människor. En hälsosam blandning av kött och torrfoder är en bra grund. Ett bra torrfoder utgör grunden för en bra näring. Den bör innehålla frukt och grönsaker, fibrer, vitaminer och mineraler. Våtfoder kan kompletteras med färska ingredienser, t.ex. grönsaker. Mager kyckling eller muskelkött är viktiga tillägg som ger hunden bra näring och gör maten mindre monoton. Hundens olika behov kan vara avgörande för vilken typ av diet som ska användas. Näringsexperter, veterinärer och uppfödare kan hjälpa dig att hitta den bästa möjliga blandningen.

Det är välkänt att hundar har ett stort inflytande på människor. Om man har en hund är man mer avslappnad och håller sig friskare tack vare de dagliga promenaderna och njuter av den trogna följeslagarens egenheter. Djurets hälsa bör därför ständigt övervakas. De minsta signalerna, t.ex. att hunden vägrar att äta, att prestationen sjunker eller att den är apatisk, tyder på att hunden inte mår bra, och då måste människan hjälpa till.

Om du läser ingrediensförteckningarna noggrant, pratar med näringsexperter och väljer ett basfoder av god kvalitet kan du hålla hunden frisk och livlig.

När Amstaff växer upp och mognar förändras näringsbehovet på ett naturligt sätt och kosten bör ändras i enlighet med detta. Valpar som växer, vuxna hundar och äldre hundar har olika näringsbehov. Därför måste fodret anpassas i varje skede för att säkerställa att djuret förblir friskt så länge som möjligt.

Den gamla American Staffordshire Terrier och kosten

Äldre hundar har helt andra näringsbehov än unga eller vuxna hundar. Det är viktigt med god vård för att hunden ska vara frisk under hela sitt liv. Regelbunden fysisk träning upprätthåller muskelmassan och hjälper till att kontrollera vikten. Även tänderna och pälsens skick måste övervakas kontinuerligt.

Med åldern minskar energibehovet och därför bör foderintaget också anpassas till hundens aktiviteter. Förutom ålder bör man också ta hänsyn till eventuella hälsobesvär.

En hund med artros rör sig mindre och använder inte lika mycket energi. Det finns dock en risk för viktökning som inte är särskilt gynnsam för hälsan. En diet med lägre energiinnehåll är endast nödvändig om djuret är överviktigt. Bara för att en äldre hund inte längre gillar promenader och visar minskad aktivitet betyder det inte att det är normalt och ett resultat av åldrandet.

Veterinärundersökningar är viktiga på äldre dagar för att ta reda på om hunden är allvarligt sjuk. Regelbundna undersökningar är ett bra sätt att upptäcka åldersrelaterade problem i tid och vidta motåtgärder. På ålderns höst sker också förändringar i mag-tarmkanalen, vilket kräver särskild uppmärksamhet när det gäller maten.

Maten för äldre hundar bör ha följande egenskaper:

Ökat innehåll av vitamin C och E

Dessa vitaminer har antioxidativa egenskaper som skyddar kroppen mot effekterna av åldrande.

Protein av hög kvalitet

Gamla hundar, vars matsmältningsfunktion inte längre är lika bra, kan ta upp och smälta mindre protein än unga hundar. Därför bör äldre hundar få protein av hög kvalitet. Det är inte ovanligt att höra missuppfattningen att protein leder till njursvikt. Men så är inte fallet. Njursvikt är en sjukdom som inte går att bota, som kan vara akut eller kronisk och som förekommer oftare på äldre dagar.

Experter rekommenderar att man minskar fosforinnehållet i kosten för att bromsa sjukdomsutvecklingen. Det är viktigt att rådgöra med veterinären innan du ändrar kosten.

Högre andel mineraler som järn, koppar, zink och mangan.

Dessa mineraler bidrar till att upprätthålla hudens och pälsens kondition. Dessutom stöder de ämnesomsättningen i dess arbete, vilket i sin tur gynnar den gamla hunden. För att förhindra att pälsen blir matt och spröd bör sojaolja eller fiskolja, som båda innehåller fleromättade fettsyror, tillsättas i fodret. Även om hundar producerar dessa fettsyror är det ofta så att "tillverkningsprocessen" försämras när de blir äldre.

En hund som har mer än tre fjärdedelar av sitt liv bakom sig hör redan till de äldre. Tecknen på åldrande blir tydligare så snart hunden når en viss ålder. Beroende på storlek och ras kan dessa tecken uppträda efter tolv år, efter tio år eller, när det gäller mycket stora hundar, efter åtta år. Med en lämplig kost kan ålderstecken hållas tillbaka i viss mån när hundarna befinner sig i denna fas av livet. På så sätt kan de förbli friska så länge som möjligt och leva resten av livet med den vitalitet som är lämplig för deras ålder.

Bättre hud och glansig päls

Hälsa, en frisk päls och en god hud är till stor del beroende av att vissa ämnen ges regelbundet. Linfröolja och borageolja bör nämnas här, eftersom de hjälper till att förbättra päls- och hudproblem. Mineralsaltet zink kan också ges till gamla hundar mot dålig päls.

Lättnad för ledinflammation

Glukosamin och kondroitinsulfat är näringsämnen som hjälper äldre hundar att förbättra sin rörlighet. Hundar som lider av ledinflammation har visat sig bli hjälpta av att ta dessa näringsämnen. Men saker och ting har också förändrats i djurvärlden. Mer specialiserade fodermedel har utvecklats. Dessa innehåller polyfenoler, gurkmejaextrakt eller hydrolyserat kollagen och är därför mer effektiva när det gäller att förbättra rörligheten. Alla åldrande hundar är dock inte likadana. En hund som blir äldre utan hälsoproblem får inte samma foder som en åldrande hund med hälsoproblem. Regelbundna kontroller ökar chansen att hälsoproblem upptäcks tidigt. Ofta kan en målinriktad kost bidra till att förhindra att symptomen på kroniska sjukdomar utvecklas ytterligare. Veterinärer kan rekommendera det lämpligaste fodret.

Vilken mat är bäst?

Förutom torrfoder som redan har presenterats finns det även andra typer av foder. Liksom när det gäller kastrering går åsikterna isär även här. Det är bäst att kontrollera vad valpen redan har fått hos uppfödaren. I princip skiljer man mellan två typer av utfodring, nämligen färdigmat och färskköttsutfodring (BARF). Det färdiga fodret finns som våt- och torrfoder. Båda varianterna har för- och nackdelar.

Fördelar torrfoder

Den mängd som fastställts och befunnits vara bra kommer att förbli konstant så länge du upprätthåller din hunds rutiner, t.ex. intensiteten i träningen.

✓ Det är okomplicerat: Köp, mat, klart. Tillsats av vitaminer och andra kosttillskott är vanligtvis inte nödvändigt.

✓ Transport och förvaring är mycket enkelt, även på semestern.

✓ Du kan också ge foderransonen på språng eller under sport, när hunden ska träna sin mat.

✓ Den har en lång hållbarhet.

✓ Hundar med känslig mage skyddas av de mindre men näringsrika portionerna.

Nackdelar med torrfoder

✗ Sammansättningen av kött och fyllmedel, t.ex. spannmål, är olika för varje sort.

✗ Sammansättningen kan inte kontrolleras i sig själv.

✗ Det är svårt för dig att reagera på din hunds individuella hälsotillstånd, t.ex. om den har diarré.

✗ Många sorter är inte bara spannmålsströdda utan innehåller också socker, konstgjorda aromer och smakförstärkare.

✗ Vätskebehovet är högre, så hundar som dricker lite måste uppmuntras att göra det.

✗ Torrfoder kan svälla i magen och därför under ogynnsamma omständigheter leda till gastrit, vilket alla stora hundar har större tendens till än mindre hundar.

Fördelar våtmat

✓ Den smakar gott för nästan alla hundar.

✓ Våtfoder är nästan alltid det billigaste alternativet.

✓ Det är lätt att köpa och lätt att förvara.

✓ Våtfoder har en hållbarhetstid på en halv evighet.

✓ Fukthalten är hög.

✓ Hundar med känsliga tänder kan tugga våtmat bra.

✓ Det kan användas som fullfoder, dvs. du behöver inte tillsätta något annat, t.ex. vitaminer, spårämnen osv.

Nackdelar med våtmat

✗ Sammansättningen kan inte kontrolleras.

✗ Smakförstärkare och konstgjorda aromer förekommer allt oftare i våtfoder.

✗ Köttinnehållet varierar beroende på sort.

✗ Många hundar vägrar att äta andra typer av mat när de väl har vant sig vid en typ av mat.

✗ Om din hund till exempel är allergisk kan fodrets sammansättning inte anpassas individuellt.

Fördelar BARF

✓ Maten är färsk.

✓ De flesta hundar gillar färskt kött.

✓ Du har full kontroll över vad din hund äter och kan göra individuella anpassningar, till exempel vid graviditet och många sjukdomar.

✓ Barfers använder inga fyllmedel, konserveringsmedel eller artificiella aromer.

✓ Det finns mycket mer variation i utfodringsschemat.

Nackdelar BARF

✗ Barfing kräver information och kunskap som du måste skaffa dig. Det är ett måste att läsa på eller att gå till en valfri barf-butik!

✗ Den här matningsmetoden är tidskrävande eftersom du måste riva eller koka färska grönsaker och sätta ihop varje måltid.

✗ Kostnaden är högre än för genomsnittligt torr- eller våtfoder, även betydligt högre om du köper billigt färdigfoder.

✗ Om de förvaras felaktigt kan eventuella bakterier spridas.

Oavsett vilken metod du väljer, se till att den har ett högt köttinnehåll och titta noga på sammansättningen. Även om du läser testrapporter ska du vara uppmärksam på vad som har testats. Om man bara kontrollerar om den sammansättning som anges på förpackningen stämmer överens med sanningen, säger betyget "mycket bra" fortfarande ingenting om kvaliteten på hundfodret.

Typiska sjukdomar och hur man hanterar dem.

American Staffordshire Terrier är en mycket motståndskraftig hund som knappast är mottaglig för sjukdomar. Det finns dock vissa sjukdomar som också kan drabba American Staffordshire:

• Atopisk dermatit

• Katarakt

- Höftledsdysplasi
- ärftlig hjärtsvikt
- Njursjukdomar
- Patellaluxation

Därför är det också viktigt att köparen av en Amstaff frågar uppfödaren om sjukdomar hos föräldrarna. I det följande berörs fyra sjukdomsmönster kortfattat:

Njursjukdom:

Njurinsufficiens utvecklas vanligtvis under lång tid. Det betyder att det är månader och år. Akut njursvikt inträffar plötsligt. Orsakerna kan däremot ha funnits under en längre tid.

Symtom:

Precis som hos en människa med njursjukdom fortsätter den sjuka hundens njure att fungera, men med nedsatt funktion. Därför kan njurinsufficiens vara närvarande i flera dagar innan ägaren märker det. Det försåtliga är att tydliga symtom uppträder först när 75 procent av njurarna redan är skadade. Djuret går snabbt ner i vikt, dricker mer och är inte längre lika rörligt. Blod i hundens avföring eller en allmän känsla av ohälsa är tydliga tecken som bör få hundägaren att genast uppsöka veterinären. Om njursvikten är akut kommer hunden att kräkas och få diarré. Hunden kissar knappt och äter lite eller ingen mat. Andra uppenbara tecken är beteendemässiga avvikelser, som upprepade ylle och svansindragningar.

Behandlingsalternativ:

Vilken behandling som är lämplig beror på hur långt sjukdomen har framskridit. Vid kronisk njursjukdom måste njurfunktionen förbättras igen, vilket vanligtvis sker med hjälp av läkemedel, och hunden måste byta till en speciell njurdiet.

Vid akut njursvikt är det ytterst viktigt att djuret behandlas omedelbart. Det är en nödsituation! Veterinären kommer att fastställa orsakerna och eliminera dem enligt sina möjligheter. Akut njurinsufficiens kan bland annat bero på blod- och vätskeförlust (efter en olycka), cirkulationskollaps, chocktillstånd, blåsten eller allvarliga infektionssjukdomar.

Atopisk dermatit (miljöallergi)

Atopisk dermatit är en sjukdom i huden som är kroniskt inflammatorisk och orsakar svår klåda. Tyvärr är American Staffordshire Terrier en av de raser som oftast drabbas. Sjukdomen är ärftlig. Amstaff är född med den. Atopisk dermatit uppstår vanligtvis när hunden är mellan sex månader och tre år gammal. Möjliga utlösande faktorer för sjukdomen kan vara stress, vissa miljöfaktorer eller förändringar.

Symtom:

Symtomen är alltid av samma slag: håravfall, förtjockning och mörkare hud. I den akuta fasen är huden vanligtvis röd, det förekommer vätskeutsöndring och knutning. Symptomen kan uppträda samtidigt på flera delar av kroppen. De vanligaste områdena är läppar, öron, tassar, buk- och analregionen. Om en hund lider av atopisk dermatit kommer den ofta att klia sig, "arbeta" de drabbade områdena med tänderna eller slicka sina tassar. Det är inte lätt att diagnostisera atopisk dermatit eftersom den inte har några karakteristiska symtom och utvecklas gradvis. Det är i alla fall lämpligt att ta hunden till veterinären så att symptomen kan lindras. Den ständiga klådan kan också bli mycket utmattande för djuret.

Behandlingsalternativ:

Atopisk dermatit går inte att bota. Hundar som drabbas av sjukdomen måste uthärda den resten av sitt liv. Med rätt behandling kan symtomen dock lindras. Särskilt den mycket obehagliga klådan kan kontrolleras. Du kan också själv behandla de drabbade områdena med fuktgivande servetter eller bada hunden regelbundet med specialschampo. I vissa fall rekommenderar den behandlande veterinären också att man ändrar kosten och ger hunden mer fisk i stället för kött. Det är också lämpligt att ge torrfoder som är speciellt utvecklat för hundar med hudproblem. Ofta leder kostomläggningen till en märkbar förbättring inom några veckor.

Patella luxation

Patellaluxation är en ärftlig sjukdom. Detta innebär att knäskålen kan förskjutas eller rubbas. Beroende på hur allvarlig den är kan patellaluxation orsaka betydande smärta. Den orsakas vanligtvis av överbelastning av senor och ligament. Men det kan också bero på dålig kost. Därför är det viktigt att äta en balanserad kost och att inte utsätta valpen eller den unga hunden för alltför stora fysiska påfrestningar. Om en Amstaff lider av patellaluxation kan ägaren känna igen det genom att hunden inte lägger någon vikt på det drabbade benet. Detta är särskilt märkbart när Amstaff kör snabbare, eftersom den vanligtvis börjar studsa konstigt.

Han kommer inte att lägga någon vikt på det drabbade benet och kommer bara att visa sig mycket sällan. Veterinärer behandlar patellaluxation med läkemedel om svårighetsgraden ännu inte är för hög. Men ju högre examen, desto mer troligt är det att veterinären kommer att rekommendera operation. Seriösa uppfödare avlar endast med friska djur om båda föräldrahundarna inte har några fynd av patellaluxation. På så sätt är chansen att avkomman växer upp utan luxation ganska stor. Klubbuppfödare får endast avelstillstånd om de kan uppvisa ett negativt resultat.

Katarakt

Alla känner till "katarakt" som en ögonsjukdom. Vid denna sjukdom är ögats lins grumlad och ser grå ut. Hunden förlorar successivt sin syn och i särskilt allvarliga fall kan den till och med bli blind.

Det är inte nödvändigtvis så att grå starr är genetiskt betingat. Ju äldre hunden är, desto mer sannolikt är det att det är slitage som är orsaken. Äldre hundar kan därför drabbas av ögonskuggor på ett helt naturligt sätt. Men även skador eller sjukdomar, till exempel diabetes, kan vara orsaken till ögonsjukdomen. Juvenil katarakt är dock ofta genetiskt betingad och kan uppstå hos valpar redan vid åtta veckors ålder. Operationer kan vara till hjälp för att hålla synen på en viss nivå eller förbättra den något. Detta beror dock i hög grad på hur långt gråstarren har kommit och i vilken utsträckning linsen redan är grumlad. Om andra underliggande sjukdomar är orsaken till grå starr undersöks först orsaken och i bästa fall behandlas den med läkemedel.

Den äldre medborgaren på ålderns höst

Tyvärr stannar åldern inte vid den älskade vännen. Tack och lov har Moder Natur ordnat så att åldrandet sker långsamt. Hund och ägare går igenom åldrandet tillsammans. Det fysiska och mentala åldrandet sker med åren. Du märker när hunden inte längre vill gå långa och omfattande promenader och hellre sover längre. Naturligtvis finns det också tecken på åldrande. Dessa är ibland mer eller mindre uppenbara. Men ålderdomen är lika mycket en fas i livet som de yngre åren. Det är en del av livet.

Yttre tecken på åldrande är bland annat:

* Hunden får en vit nos och pälsens färg förändras.

- Pälsen i sig är inte längre så glänsande. Ibland blir den också lockig. Huden kan förändras.
- Ögonen blir slöare och hörseln försämras också.
- Hundens kropp ser totalt sett slappare ut.

Hundar visar att de börjar bli gamla.

En åldrande hund visar sin ägare genom ett förändrat beteende att den inte längre är en virvelvind utan har blivit en senior. Det är viktigt att ägaren observerar om hunden plötsligt ändrar sitt beteende. Om så är fallet är det möjligt att om hunden plötsligt inte vill gå ut på promenad eller inte längre vill leka, kan det finnas en sjukdomsrelaterad utlösande faktor bakom detta. Förändringar som påverkar beteendet i ålderdomen börjar alltid gradvis och inträffar inte plötsligt och akut. Men vilka är dessa förändringar?

- Hunden är inte längre så aktiv.
- Hunden blir långsammare och konditionen lämnar mycket att önska.
- Hunden behöver i allmänhet mer tid.
- Hunden sover och lägger sig ner mycket oftare än vanligt.
- Hunden letar efter varmare platser att sova på.
- Hunden gillar inte längre att leka med andra hundar.
- Hunden är mer intresserad av rutinprocedurer och ser inte längre fram emot förändringar.
- Hunden har en nedsatt reaktionsförmåga.
- Hunden blir mer envis och tittar ibland frågande på dig.

Detta är den beteendeförändring som ägarna oftast observerar. Men det kan också uppstå andra mindre trevliga förändringar, som demensliknande beteende. De flesta hundägare vet dock att det är helt okej att deras hund uppvisar ett sådant beteende. Om den äldre hunden inte längre vill leka eller leka med andra är det så och du ska inte tvinga fram det.

Åldersrelaterade sjukdomar och hälsorestriktioner

Dessutom finns det ofta hälsorestriktioner på grund av ålder. Det finns också sjukdomar som förekommer oftare hos gamla hundar.

➤ Hunden hör eller ser inte längre bra (tendens till dövhet, blindhet).

➤ Djuren kan vara mer mottagliga för infektioner (försvagat immunförsvar).

➤ Ben och leder har svårt att röra sig: Slitage och slitage blir märkbart.

➤ Sjukdomar i de inre organen är möjliga.

➤ Det finns en tendens till att tumörer bildas under och på huden (inte alla är elakartade, men bör undersökas).

➤ Precis som hos människor kan demens utvecklas.

➤ Hunden har stora problem med kyla eller intensiv värme (de extrema temperaturerna kompenseras dåligt).

Dessa förändringar är också möjliga, men de behöver inte nödvändigtvis inträffa hos varje hund. Det finns också åldrande hundar som märker lite eller inget av dessa hälsobegränsningar, vilket skulle vara önskvärt för alla ägare.

Hunden börjar bli gammal - en sjukdom eller ålderdom?

Under den fysiska nedgången ställer sig vissa ägare frågan: Är symptomen tecken på en sjukdom eller är det bara ålderdom? Det finns också förändringar, eller snarare begränsningar, som du bör diskutera med din veterinär. Om den gamla hunden inte längre reagerar när den kallas kan det mycket väl bero på ålderdom. Om hunden däremot inte är lika gammal kan det vara så att den har problem med öronen och behöver veterinärvård.

Om hunden har svårt att resa sig efter att ha sovit eller om den gnäller är det mycket troligt att den lider av artros. I det här fallet är hunden inte bara "skröplig" utan måste behandlas av en veterinär. Detsamma gäller om hunden ibland förlorar droppar urin. Med åldern blir de ibland inkontinenta. Detta kan också orsakas av en blåsinfektion eller en annan urologisk sjukdom. Detta bör också behandlas av en veterinär.

Alla äldre hundar uppvisar olika beteenden.

Ovanstående ändringar och begränsningar gäller inte nödvändigtvis alla hundar. Hundar som har haft en vit mask från födseln kan knappast ses åldras. Andra hundar visar däremot knappast några förändringar i sitt beteende när de åldras. Varje äldre hund åldras på sitt eget speciella sätt. Det är bara viktigt att se till att vissa förändringar som verkar konstiga alltid diskuteras med veterinären först.

American Staffordshire Terrier som sport- och terapihund

American Staffordshire Terrier som sporthund

American Staffordshire Terriers är mycket dynamiska hundar som behöver mycket motion varje dag. Om du funderar på att köpa en American Staffordshire bör du komma ihåg att en lugn promenad i koppel inte räcker för Amstaff. Han behöver snarare motion där han kan arbeta av sin energi, t.ex. lydnad, agility, flyball eller draghundsporter. Han tycker också om en omfattande lekstund.

Flyball

I denna sport körs en hinderbana i en rak linje och ägarna får inte ge hunden några kommandon. I slutet av det första loppet måste Amstaff hämta en boll och sedan föra den tillbaka över banan så snabbt som möjligt. Flyball kan tävlas i flera lag med fyra hundar vardera som en tävling eller bara för att det är roligt och Amstaff tycker om det. De får springa, hoppa, hämta och fånga. En perfekt sport för mycket smidiga hundar.

Smidighet

Agility-utrustning finns på ett stort antal hundparker och lockar många hundsportfantaster. Agility är i princip gjort för alla, oavsett om du är ung eller lite äldre. Det finns också lämpliga övningar för små och stora hundar. Amstafferna är dock särskilt lämpliga för denna sport. De är intelligenta, har en snabb förståelse för saker och ting, är motiverade och dessutom lättfotade och har talang för att hoppa. En hinderbana för agility består av 12-20 hinder som måste passeras i rätt ordning. Banan är uppställd på en yta på minst 20 x 40 meter. Banan är mellan 100 och 200 meter lång. Hunden måste inom en bestämd tid klara av hinderbanan utan koppel, halsband eller annan hjälp från ägaren. Detta är ibland en svår uppgift när du deltar i turneringar.

Figur 11: Agility är en populär utomhussport.

Lydnad

Hundsporten lydnad har sitt ursprung i Storbritannien. Sporten innebär att hunden utför olika kommandon extremt snabbt och noggrant. Alla hundraser kan delta i sporten. Här behöver hundägaren inte heller vara särskilt sportig. "Ring Steward" ger ägaren mycket exakta instruktioner om vad han eller hon ska göra härnäst med sin hund, eller vilka ljud- och visuella signaler han eller hon ska ge hunden.

American Staffordshire Terrier som terapihund

Även om det först låter konstigt kan American Staffordshire Terrier användas som terapihund, och används allt oftare som terapihund, särskilt inom barn- och ungdomsterapi. En terapihund är en hund som särskilt används för djurassisterad behandling. Några exempel är: Sjukgymnastik, kurativ utbildning, psykoterapi, logopedi eller arbetsterapi. Terapihunden är inte att jämföra med assistanshunden, som lever som en ständig följeslagare till sin människa som har fysiska, mentala eller psykologiska begränsningar. Assistanshunden är specialutbildad för detta ändamål. Terapihunden får inte heller förväxlas med en besökshund. Besökande hundar tas vanligtvis med av utbildade yrkesmän eller volontärer till personer i behov av vård eller på sjukhus för att upprätthålla den sociala kontakten. Personalen eller volontärerna arbetar inte på en terapeutisk nivå utan snarare på en social nivå. I princip kan alla hundar - oavsett ras och storlek - användas som terapihundar. Det är dock främst de populära hundraserna som schäfer, labrador och golden retriever som tränas som terapihundar på grund av sin vänliga och snälla natur och sin stora vilja att kommunicera. Terapihundar är mycket stabila, friska och har genomgått en omfattande socialisering.

Dessutom har de ett stabilt band till sin förare eller ägare. I praktiken skiljer man mellan en "aktiv terapihund" och en "reaktiv terapihund". Den verkliga skillnaden är att den aktiva terapihunden tar med sig sina egna "idéer" i spelet. Han vill alltid spela och är därför mycket lämplig för att motivera sin motspelare. Den reaktiva terapihunden reagerar på patientens idéer och lekar och speglar hans känslighet.

Terapihund och assistans- eller besökshund - Vad är skillnaden?

Terapihundar används på många olika sätt nuförtiden: på dagkliniker, äldreboenden, skolor eller kurativa utbildningsanstalter. Hundens verkliga "hem" är dock fortfarande hundens ägares hus eller lägenhet, som vanligtvis också är verksam i detta sammanhang som terapeut eller åtminstone i en medicinsk eller pedagogisk miljö. Den största skillnaden är att assistanshunden är en permanent följeslagare eller bor tillsammans med den person som är beroende av hjälp på grund av fysiska, mentala eller känslomässiga begränsningar.

En terapihund bildar tillsammans med sin professionellt kvalificerade ägare ett välkoordinerat team och hjälper på så sätt människor som är mentalt eller neurologiskt sjuka med djurassisterad medicinsk terapi. Ofta räcker det med deras närvaro för att göra människor glada. De kan dock ge mycket mer stöd genom att fysiskt vända sig mot patienten eller bjuda in dem att leka med sin speciella natur. På så sätt kan läkningen förbättras avsevärt.

I motsats till en besökande hund, som i första hand är inriktad på att skapa ett tillfälligt möte mellan patient och hund för att främja social kontakt, är terapihundarna intensivt integrerade i terapiprocessen. De integreras särskilt av sina handledare i patientens terapi, som pågår i flera veckor. Hundarna ersätter inte på något sätt terapeuten. Men de har ett positivt inflytande på behandlingen för att i slutändan främja framgång.

Var är terapihundar användbara?

Alla hundfantaster vet att hundar har en positiv aura och att de har en speciell effekt på människor. Detta har också bevisats vetenskapligt i olika studier. Det är därför inte konstigt att fler och fler terapeuter och sjukvårdspersonal engagerar sig i att integrera hundar i terapin och hoppas på deras stöd.

Det spelar ingen roll vilken typ av behandling det handlar om: Inlärnings- och språkproblem, depression, ångest, arbetsterapi, stödundervisning eller fysiska och psykologiska begränsningar - terapihundar används överallt. De bidrar på många olika sätt till att terapin på dessa områden blir framgångsrik.

Hur ser terapihundens arbete ut?

En terapihund följer med sin förare till olika individuella eller gruppsessioner och hjälper den drabbade personen under en viss tid på olika sätt. Man måste skilja mellan en "aktiv terapihund", som aktivt uppmanar personen i fråga att göra något (leka), och en "reaktiv terapihund", som lugnt och stilla står och väntar och reagerar mycket empatiskt på patientens tillstånd eller sinnesstämning. Under arbetstiden har djuren kontakt med mycket olika människor.

Det är patienter som har svårt att uttrycka sig eller tala, som rör sig lite eller ovanligt mycket, som är nervösa och upprörda. Terapihundar arbetar lika mycket med barn, vuxna och äldre och de är tränade för att fokusera på patienternas olika individuella egenskaper. När de arbetar som terapihundar befinner de sig vanligtvis inte i sin välbekanta hemmiljö, utan reser till barn- eller äldreboenden, sjukhus eller hospice. Där konfronteras de med en mängd olika lukter, utrustning, rum och situationer. För hunden är detta på ett sätt stressigt. Men han måste kunna uthärda det tills "arbetet" är över.

Därför är det särskilt viktigt att ramvillkoren är bra under arbetet, eftersom även en terapihund i slutändan bara är en hund. För att den ska kunna leva upp till sin natur behöver den alltid pauser, tillräckligt med motion i naturen, en nära kontakt med sin ägare och naturligtvis möten med andra artfränder.

Till och med de djur som är där med ett outsägligt lugn bara för att hjälpa patienterna behöver då och då få möjlighet att dra sig tillbaka till sin plats eller korg och bara vara vad de är: en hund. Eftersom terapiarbete är stressigt rekommenderar experter att hundar inte får terapeutiskt arbete under 45 minuter per dag under en "tredagarsvecka".

Detta beror naturligtvis också lite på omständigheterna. Om hunden har turen att få turas om med andra terapihundar, om den befinner sig i en bekant miljö och har möjlighet att leka med andra hundar på t.ex. en äng, blir arbetet lättare för den. Även om hunden kan turas om ska arbetet vara klart senast efter en och en halv timme.

Hur stora är de framgångar som kan uppnås med en terapihund?
Generellt sett ger hundar en känsla av trygghet, värme och säkerhet, och det är bara för att de är närvarande. Närvaron av en kärleksfull och vänlig hund har i forskning visat sig sänka blodtrycket, minska stress, osäkerhet och aggressivt beteende. De bidrar till en känsla av välbefinnande. Men hur gör hundar det? Hundar har en mycket empatisk natur och är mycket känsliga för olika humör utan att döma något.

De kritiserar inte, dömer inte, klandrar inte, ställer inga krav och ger inga råd. Djuren accepterar människan som hon är, tröstar henne och är alltid nära nog ointresserade av hur hon ser ut, hur hon verkar, hur hon talar eller hur hon rör sig. När du stryker eller kramar hunden frigörs hormonet oxytocin. Det så kallade "kram- eller lyckohormonet", som gör att personen blir lugnare, gladare och mer medkännande. Det finns knappast någon terapeut som kan locka ut en person ur sig själv på samma sätt som hundar kan.

I terapin märks detta genom att den drabbade personen kan ha ett leende på läpparna i början, trots att patienten tidigare knappt hade visat några glada känslor på grund av sin sjukdom. Under arbetets gång kan den drabbade personen till och med öppna sig mer och mer, tala mer flytande eller plötsligt röra sin lem som han eller hon inte kunde röra tidigare.

Terapihundar kan påverka människor på olika sätt och kan därför ge goda resultat på fysiologiska, psykologiska och sociala områden. Dessa omfattar framför allt:

- Förstärkning av känslighet, minskning av rädsla eller aggressivt beteende.
- Minskning av stress
- Avslappning av musklerna
- Minskning av högt blodtryck och puls
- Stärka sinnes- och kroppsuppfattningen
- Förbättra rörelse och tal
- Minskning av störningar i balans och perception
- Främja kommunikation
- Förbättra uppmärksamhet och ansvarskänsla
- Förbättrad självkänsla och hjälp med att integrera sig i det sociala livet.
- Ökad koncentrations- och reaktionsförmåga och därmed ökad prestationsförmåga.

Hur blir en hund en terapihund?

Alla hundar kan inte bli terapihundar. De djur som anses vara "envisa" eller hundar som av naturen är mer skyddande och har en stark skyddsinstinkt faller utanför resten. De skulle troligen orsaka stress hos patienterna genom att ibland uppträda på ett mer påtagligt och skyddande sätt och skulle inte påverka dem på ett positivt sätt. Avgörande för att lyckas som terapihund är typiska och karakteristiska egenskaper, såsom en vänlig och öppen natur, som Amstaff har. Irritationströskeln måste vara hög och aggressionen måste vara liten eller obefintlig. Och det är just dessa egenskaper som man kan lära sig redan som valp. Om du har bestämt dig för att din Amstaff ska utbildas till terapihund är valptiden den bästa tiden att göra det. En ihärdig uppfostran och en god socialisering är absolut nödvändiga för att kunna utföra senare uppgifter.

Vilka krav måste en terapihund uppfylla?

En fridfull och balanserad natur är förstås en förutsättning för terapihundar. Att hoppa upp, morra, göra höga ljud, dra i kopplet eller inte reagera på ägarens kommandon är saker som en terapihund inte får göra under några omständigheter. Han måste snarare stå ut med att bli rörd och smekt hela tiden. Han måste också tåla lite "grova" beröringar eller en dragning i svansen utan att bli arg. En terapihund måste ha följande egenskaper:

✓ En lugn, kärleksfull och tålmodig läggning.

✓ Ett nära band med sin herre

✓ Vänligt och öppet sätt - särskilt gentemot andra människor.

✓ Han bör vila inom sig själv.

✓ Mycket låg beredskap för aggression

✓ God lydnad och ledarskapsförmåga

✓ Gott socialt beteende

✓ En uttalad skydds- eller bevakningsinstinkt bör inte förekomma.

✓ Liten misstänksamhet mot främlingar

✓ Känslig, men ändå stresstålig

Är vissa raser bättre lämpade som terapihundar än andra?

Om en hund uppfyller alla de egenskaper som beskrivs ovan behöver frågan om ras inte längre ställas. Det finns dock vissa hundraser som på grund av sin natur är mer lämpade som terapihundar än andra hundar.

Särskilt hundar som uppföddes som sällskapshundar eller arbetshundar är mycket lämpliga som terapihundar. De är mycket människoorienterade och kan arbeta bra med dem. Bland dessa finns raser som: Maltese, American Staffordshire Terrier, German Shepherd, Border Collie, Newfoundland, Labrador och Golden Retriever. Det är dock inte bara det faktum att en hund tillhör en av raserna som automatiskt gör den till en bra terapihund. Mycket viktigare än stamtavlan är ändå en utmärkt socialisering, en mycket god uppfostran och många goda erfarenheter som djuret har fått. Uppfödare försöker i allt större utsträckning koncentrera sig på att föda upp terapihundar. Det är dock personligheten och hur valpen utvecklas som är avgörande.

Hur ser utbildningen av terapihundar ut?

Det spelar ingen roll om det är en Border Collie, American Staffordshire Terrier eller German Shepherd som ska bli terapihund. I princip gäller följande: Vuxna hundar som inte har haft goda erfarenheter av människor eller som är fördomsfulla på grund av tidigare erfarenheter har ingen plats i djurassisterad terapi. Det händer sedan att ett oönskat beteende har blivit så internaliserat att de reagerar irriterat på främmande patienter i behov av hjälp. Det finns ingen klassisk utbildning där hundarna utbildas till terapihundar inom ett halvår, oberoende av deras förkunskaper. I USA finns det sedan 1980 en statligt erkänd utbildning för terapihundar. Hunden och hundföraren måste uppfylla vissa krav före träningen.

Dessa undersöks och testas sedan genom ett karaktärstest av hunden och ett muntligt och skriftligt test av föraren. Även i Tyskland måste en sådan statlig prövning genomföras för att en hund ska kunna godkännas som terapihund. Det finns olika organisationer och klubbar som erbjuder lämpliga kurser och utbildningar för att förbereda sig för testet och arbetet som terapihund. Ofta tränas hundarna också genom "träning". Det innebär att de lever tillsammans med terapihundar som redan arbetar och kan lära sig av dem genom naturlig överföring.

Ytterligare riktlinjer för terapihundar

Förutom att kontrollera djurets temperament och förarens expertis spelar även de växande terapihundens hälsa och hygien en viktig roll i praktiken. Man måste se till att hunden är frisk. Om en hund har ont kan den plötsligt visa ett aggressivt beteende. Dessutom måste den vara fri från parasiter, bakterier och virus och avmaskas regelbundet. Ägaren måste också ha de vaccinationer som krävs. I princip är en regelbunden och noggrann kontroll av en veterinär nödvändig, eftersom hunden, beroende på var den används, t.ex. på sjukhus, dagklinik eller äldreboende, utsätts för fler bakterier och bakterier än sina jämnåriga kamrater.

Om hunden uppfyller alla krav och kan bevisa detta i testet står dörrarna som terapihund öppna för den. Och med detta arbete kommer American Staffordshire Terrier säkerligen inte bara att göra patienterna gladare i framtiden, utan även sig själv. För känslan av att bli "använd" är också en bra känsla för en hund.

Uppfödare i Tyskland

När du köper en American Staffordshire Terrier är det inte bara tillrådligt utan även viktigt att se till att du går till en välrenommerad uppfödare. Seriösa uppfödare ägnar särskild uppmärksamhet åt djurets nödvändiga temperament, vilket är så viktigt för att leva tillsammans i familjen och även som terapihund. Innan du bestämmer dig för en uppfödare bör du besöka flera uppfödare för att få en bättre bild av föräldrarna, syskonen och attityden.

Seriösa uppfödare är också alltid intresserade av vart deras avkommor tar vägen och frågar köparen hur de bor och vad de har för avsikter med den unga Amstaffhunden (familjehund, terapihund eller sporthund). En köpare kan alltid kontakta en bra uppfödare om han eller hon har frågor om hälsan eller om problem uppstår.

Tyvärr finns det hundar (liksom andra hundraser) som ges bort av sina tidigare ägare eftersom de inte kom överens med dem. Här har potentiella köpare möjlighet att kontakta djurskyddsorganisationer, även om det också finns organisationer som specialiserar sig på kamphundar. Äldre Amstaffs som kommer från djurskyddsorganisationer kan också berika en familj. Med sådana hundar är det viktigt att ta reda på deras karaktärsdrag och tidigare historia.

Att välja rätt uppfödare är särskilt viktigt när det gäller listade hundar.
American Staffordshire Terriers karaktär bestäms i förväg av generna, som förs vidare via föräldrarna. Kenneln där Amstaff föds är också en grund. Goda uppfödare ser till att de endast parar föräldrar som har goda egenskaper. Trovärdiga uppfödare är medlemmar i "Verband für das Deutsche Hundewesen" (tyska kennelklubben) eller tillhör en klubb som är ansluten till VDH.

Viktigt!

- Sedan 2001 har American Staffordshire Terrier varit föremål för den så kallade "Hundeverbringungs- und Einfuhrbeschränkungsgesezt". Enligt denna får rasen inte importeras till Tyskland från utlandet. Rasen omfattas av de respektive kraven på hållande i en federal stat.

Checklistan - Att känna igen en seriös uppfödare:

Känslan säger dig att uppfödaren är seriös, när...

- Lokalerna är rena och det finns inte alltför mycket hundlukt.

- Hundarna har en koppling till familjen och det finns ett område eller en trädgård att leka i.

- Du får inte bara se valparna och valpkassen, utan även mamman.

- hundarna gör ett gott intryck och har förtroende för uppfödaren.

- Valparna är uppmärksamma och nyfikna.

- uppfödaren är intresserad av valpens nya hem och ställer frågor.

- Uppfödaren är till hjälp när du väljer valp.

- Valpen är vaccinerad och avmaskad och har papper.

- valpen är tillräckligt gammal för att överlämnas (från och med den 9:e veckan).

- du får ett köpekontrakt och priset är rimligt.

Uppfödaren bör också ge information om i vilken utsträckning föräldrarna har genomgått alla nödvändiga och rekommenderade hälsoundersökningar. Detta omfattar läkarundersökning för sjukdomar som: Höftledsdysplasi, armbågsdysplasi, osteochondrosis dissecans (OCD), ögonsjukdomar, patellaluxation, hjärt- och njursjukdomar.

Slutsats

American Staffordshire Terrier är lämplig för människor som vill arbeta med den mentalt och fysiskt och som har mycket tid för sin hund. Det är en hund som vilar i sig själv, har en hög stimuleringströskel och kan därför användas i terapisyfte. Men det är också svårt att tänka sig en familj utan honom. Framför allt älskar han barn mer än något annat. American Staffordshire Terrier hör dock bara hemma i händerna på erfarna människor som tränar sin Amstaff konsekvent men kärleksfullt. Om den här rasen inte är tillräckligt tränad kan Amstaff bli en fara för andra hundar och människor. En omfattande och tidig socialisering är viktig för American Staffordshire, vilket också gör det lättare för honom att bemästra vardagen.

Om du vill skaffa en American Staffordshire Terrier bör du vara medveten om att djuret behöver mycket uppmärksamhet och motion. Dessutom vill Amstaff utmanas och uppmuntras fysiskt och mentalt varje dag. Ägare som klarar av dessa utmaningar kommer att finna att denna muskulösa och kraftfulla hund är precis den rätta rasen för dem.

Om den här serien:
Min hund för livet

Detta är den elfte delen i en serie kompakta, verklighetstrogna guideböcker om hundträning. De enskilda raserna och hundämnena presenteras av författare som har många års erfarenhet och kärlek till hundar. Vi önskar dig många lyckliga och avslappnade år med din fyrbenta vän!

Vi skulle bli glada över en positiv utvärdering!

Tryck

Arbetet inklusive allt innehåll är upphovsrättsligt skyddat. Eftertryck eller reproduktion, helt eller delvis, samt lagring, bearbetning, duplicering och distribution med hjälp av elektroniska system, helt eller delvis, är förbjudet utan författarens skriftliga tillstånd. Alla översättningsrättigheter förbehålls. Innehållet i den här boken har undersökts på grundval av erkända källor och kontrollerats med stor noggrannhet. Författaren tar dock inget ansvar för att informationen är aktuell, korrekt och fullständig. Ansvarskrav mot författaren, som avser skador av hälsorelaterad, materiell eller ideell art, som orsakats av att den presenterade informationen använts eller inte använts och/eller av att felaktig och ofullständig information använts, är i princip omöjliga, om det inte kan bevisas att författaren är skyldig till uppsåtlig eller grovt vårdslös handling. Den här boken ersätter inte medicinsk och professionell rådgivning och vård. Den här boken hänvisar till innehåll från tredje part. Författaren förklarar härmed uttryckligen att inget olagligt innehåll kunde urskiljas på de länkade sidorna när länkarna skapades. Författaren har inget inflytande över det länkade innehållet. Därför tar författaren härmed uttryckligen avstånd från allt innehåll på alla länkade sidor som ändrats efter det att länken sattes upp. För olagligt, felaktigt eller ofullständigt innehåll och i synnerhet för skador som beror på användning eller icke-användning av sådan information är endast leverantören av den länkade sidan ansvarig, men inte författaren till denna bok. Alla rättigheter förbehållna. Kontakta en veterinär för professionella och detaljerade råd!

M. Mittelstädt, Sherif Khimshiashvili Street N 47 A, Batumi 6010, Georgia

Printed by Libri Plureos GmbH in Hamburg,
Germany